Otto von
Reinsberg-Du

ringsfeld

Das Kind im Sprichwort

Otto von
Reinsberg-Du
..
ringsfeld

Das Kind im Sprichwort

ISBN/EAN: 9783743459724

Hergestellt in Europa, USA, Kanada, Australien, Japan

Cover: Foto ©Thomas Meinert / pixelio.de

Manufactured and distributed by brebook publishing software
(www.brebook.com)

Otto von
Reinsberg-Du

ringsfeld

Das Kind im Sprichwort

Das

Kind im Sprichwort.

Von

O. Freiherr v. Reinsberg-Düringsfeld.

Leipzig,

Hermann Fries.

1864.

Verzeichniß der Abkürzungen.

äth.	bedeutet:	äthiopisch.
äg.ar.	„	ägyptisch=arabisch.
afr.	„	afrikanisch.
agr.	„	altgriechisch.
al. ar.	„	algierisch=arabisch.
alb.	„	albanesisch.
anh.	„	anhaltisch.
ar.	„	arabisch.
b.	„	bergamaskisch.
ba.	„	baskisch.
bair.	„	bairisch.
Berl.	„	Berlin.
bs.	„	bosnisch.
bulg.	„	bulgarisch.
cz.	„	czechisch.
chin.	„	chinesisch.
corf.	„	corsisch.
d.	„	deutsch.
dä.	„	dänisch.
E.	„	Ewe=Sprache (Afrika).
Eif.	„	Eifel.
engl.	„	englisch.
esth.	„	esthnisch
eur.	„	europäisch.
fin.	„	finnisch.
frl.	„	furlanisch (Friaul).
frf.	„	nordfriesisch.
frz.	„	französisch.
g.	„	galizisch.
h.	„	holländisch.
hbr.	„	hebräisch.
hd.	„	hindostanisch.
hess.	„	hessisch.
Hmbrg.	„	Hamburg.
Hrz.	„	Harz.
Hrzg.	„	Herzegowina.
ill.	„	illyrisch.
isl.	„	isländisch.
it.	„	italienisch.
klr.	„	kleinrussisch.
kr.	„	krainerisch.

krv.	bebeutet :	kroatiſch.
l.	,,	lombarbiſch)
lat.	,,	lateiniſch.
lett.	,,	lettiſch.
lit.	,,	litauiſch.
lſ.	,,	lauſitziſch.
ni.	,,	mailänbiſch.
ma.	,,	magyariſch.
malt.	,,	malteſiſch.
Mrk.	,,	Graffchaft Mark
neg.eug.	,,	Negerengliſch.
neg.frz.	,,	Negerfranzöſiſch.
ngr.	,,	neugriechiſch.
nor.	,,	Dialekt ber Normanbie.
olſ.	,,	oberlauſitziſch.
or.	,,	orientaliſch.
oſchl.	,,	oberſchleſiſch.
p.	,,	polniſch.
par.	,,	parmeſaniſch.
Pat.	,,	Patois ber franzöſiſchen Schweiz.
perſ.	,,	perſiſch.
Pic.	,,	Dialekt ber Picarbie.
plattb.	,,	plattbeutſch
port.	,,	portugieſiſch.
prov.	,,	provençaliſch.
r.	,,	ruſſiſch.
ſa.	,,	ſarbiniſch.
ſ.	,,	ſerbiſch.
ſcho.	,,	ſchottiſch.
ſchw.	,,	ſchwebiſch.
ſchwei.	,,	ſchweizeriſch.
ſic.	,,	ſicilianiſch.
ſl.	,,	ſlaviſch.
ſlo.	,,	lovakiſch.
ſlov.	,,	ſloveniſch (Kärnten).
ſp.	,,	ſpaniſch.
t.	,,	tvscaniſch.
ta.	,,	tamuliſch.
tat.	,,	tatariſch.
tü.	,,	türkiſch.
tyr.	,,	thyroliſch.
v.	,,	venetianiſch.
ver.	,,	veroneſiſch
vl.	,,	vlämiſch.
wal.	,,	walachiſch.
wßr.	,,	weißruſſiſch.
wſtph.	,,	weſtphäliſch.
Z.	,,	Zigeuner=Sprache.

---

a.	bebeutet :	auch.
D. Fr. i. S.	,,	Die Frau im Sprichwort (Lpzg. 1862).
D. S. a. K.	,,	Das Sprichwort als Kosmopolit, 3 Bbe. (Lpzg. 1863.
g. ä.	,,	ganz ähnlich.
ſ.	,,	ſiehe.
u.	,,	unb.

Kleine Kinder.

Kinderſegen.

Mit der Elternſchaft beginnt erſt die Ehe, behaupten die Letten, und wie es ſchon bei den alten Römern hieß:

Eine Ehe ohne Nachkommenſchaft iſt wie die Welt ohne Sonne,

ſo ſagen die Serben, Czechen und lauſitzer Wenden noch jetzt:

Eine Ehe ohne Kinder iſt wie der Tag ohne Sonne.

Die Finnen ſprechen ebenfalls:

Eine kinderloſe Ehe
Gleicht dem ſonnenloſen Tage,

und wenn auch Kinderloſigkeit im Abendlande nicht länger, wie bei einigen Völkern des Morgenlandes, als größte Schmach der Frau gilt, ſo ſind die Ruſſen doch der Anſicht:

Frauen ſchämen ſich, keine Kinder zu ſehen,

und in Moskau verſichert man:

Eine Frau ohne Kinder iſt wie eine Wieſe ohne Gras.

Auf der Inſel Sardinien glaubt man:

Eine Frau, die keine Kinder bekommt, erfindet nie gut,

und die Dänen meinen:

Das Kind iſt das angenehmſte Spielzeug der Mutter,

1*

weil es heißt:

> Die Buben haben Lust, zu reiten und zu kriegen,
> Die Mädchen zu Docken und zu Wiegen. (d.)

Darum streben junge Eheleute, denen die Letten nachreden:

> Ein junges Paar geht gern die Mittelstraße,

in der Regel nach Nichts eifriger, als aus der „großen Brüderschaft,"[1] welcher nach der Redeweise der Fran=zosen alle Verheirathete angehören, möglichst bald in die „Brüderschaft des Milchtopfes" zu treten. Denn:

> Was sich zweit, das breit sich gern,

und:

> Wer keine Kinder hat, weiß nicht, warum er lebt. (d.)[2]

Auch in Island sagt man:

> Kinder sind besser, als Reichthum,

und der Afrikaner erklärt weise:

> Wenn unser Herr einem Manne Reichthümer giebt, und es
> sind keine Kinder da, so haben die Reichthümer keinen Werth.

Leider ist dies häufig der Fall:

> Das Gold ist schön, aber der Erbe selten, (afr.)

und meistens sind die Armen gesegneter an Kindern, als die Reichen:

> Bettelleute mehren sich,
> Reiche Leute nähren sich, (engl.)

und:

> Habenichts hat jedes Jahr Junge. (oſſ.)

---

1) Vom Orden des hl. Joseph: vier Pantoffeln vor dem Bett. (frz.)
   Es zieht ihn zur Regel des hl. Adam. (cz.)
2) Wer keine Kinder hat, weiß nicht, was Liebe ist. (it.)

Deshalb spricht der Czeche:

Das Geld dem Reichen, aber das Kind dem Armen;

der Bewohner des Harzes:

> Die Reichen haben die Rinder,
> Die Armen haben die Kinder;

der Serbe:

Die Kinder sind den Armen ein lebendiger Schatz,

und der Engländer:

Kinder sind des armen Mannes Reichthum, sind sichere Sor=
gen, aber ungewisses Glück,

und oft kann der Arme mit dem Litauer ausrufen:

Kinder wie Bohnen (Buchweizen) und kein Rindchen Brod!

Indessen, wenn auch der Ruthene spricht:

Der Reiche wundert sich, womit der Arme die Kinder nährt,

so heißt es doch:

Die Hörner (Kinder) sind keine Last für den Ochsen; (neg. frz.)

Giebt Gott Kinder, giebt er auch für die Kinder, (cz., s.)

und:

Wem Gott Kinder giebt, dem giebt er auch Hosen, (plattd.)[1]

und weiter:

Sind sie artig und gesund, hat man wirklich nie zu viel; (b.)

Gläser und Kinder hat man nie zu viel, (p.)

und:

> Kindersegen brach
> Noch keines Hauses Dach. (wal.)

Ja, der Deutsche, welcher jeden über das allzustarke

---

1) Giebt Gott Kinder,
   So giebt er auch Rinder. (b.)
   Der, welcher Mäuler schickt, schickt Fleisch. (engl.)

Wachsen seiner Familie bekümmerten Vater mit den Worten tröstet:

> Es ist besser, zehn Kinder gemacht,
> Als ein einziges umgebracht,

behauptet sogar:

> Je mehr Kinder, je mehr Glücks, [1]

denn:

> Viel Kinder, viel Vaterunser; viel Vaterunser, viel Segen. (b.)[2]

Darum hört man in Hindostan den Glückwunsch aus= sprechen:

> Möget ihr in Milch baden und fruchtbar an Kindern sein!

und den Hebräer die Lebensregel aufstellen:

> Erwirb dir Vermögen und eine gute, gottesfürchtige Frau, und mehre dir die Zahl der Kinder, selbst wenn es hundert sind.

Gleichwohl hat dieser Rath einiges Bedenkliche. Aller= dings sagt man:

> Ein Kind, kein Kind;
> Zwei Kind, ein halb Kind;
> Drei Kind, ein Kind, (b.)

oder:

> Wer nur zweie hat, hat nur eins,
> Wer nur eins hat, hat keins, (l.)

weil ein Kind leicht sterben kann, und nennt deshalb:

> Ein Kind, Nothkind. (b.)

oder:

> Ein Kind, Trauerkind, (bä., frz.)

indem man hinzufügt:

---

1) Es ist ein gemein Sprichwort: Je mehr Kinder, je mehr Glückes. (b.)
2) So viel Kinder, so viel Vaterunser. (b.)

Es ist ein alt gesprochen Wort:
Ein einzig Kind zu Herzen gaht
Baß, dann da man sieben hat, (d.)

aber:

Mehr ein Kindchen, als keins; (esth.)

Alle Jahr ein Käs, wenig Käs; alle Jahr ein Kind, viel
Kind, (d.)

und der Hebräer selbst muß eingestehen:

Hast du sechzig Kinder erzeugt (die bei deinen Lebzeiten sterben),
wozu sind sie dir nütze? Nimm eine Frau und erzeuge mit
ihr einen Sohn, der besser, als die sechzig ist.

Die Niederdeutschen sind daher der Ansicht:

Ein Kind, kein Kind; zwei Kinder, Spielkinder; drei Kinder,
recht (viel) Kinder,[1]

und die Mailänder, wie die Venetianer, halten ebenfalls
drei Kinder für das Passendste, da sie versichern:

Einer, Keiner; Zweie, wie Einer; Dreie, so, so; Viere, der
Teufel auf Vieren.[2]

Nur die protestantischen Geistlichen scheinen nicht da=
mit einverstanden zu sein, wenigstens behaupten die
Letten:

Eine gute Pastorin kommt aus den Sechswochen nicht anders
heraus, als wenn sie schwanger ist,

und es ist noch die Möglichkeit, wenn sie den Grundsatz
des Harzbewohners festhalten:

Erst eine Pfarre, dann eine Quarre.

Es giebt jedoch auch Pastorsfrauen, auf welche das
Sprichwort paßt:

---

1) Ein Kind, Angstkind; zwei Kinder, Spielkinder. (d.)
2) Eins, keins;
   Zweie, eins;
   Dreie, so, so;
   Viere, ho, ho! (v.)

Sie hat nicht Kind, noch Küchlein, (plattd.)

denn nicht immer hat der Rath des Deutschen:

> Wie du wünschest Kindlein,
> Also nimm ein Fräulein,

den beabsichtigten Erfolg.

Die russischen Mädchen klagen zwar:

> Zu Kindern ist leichter kommen, als zu Männern; [1]

auch die deutschen meinen übermüthig:

> Kinder hat man, Kinder kriegt man,

und bekräftigen den Spruch:

> Kundschaft macht Freundschaft, Freundschaft macht Küssen, und
> Küssen macht Kinder, [2]

noch mit den Worten:

> Eins folgt aus dem Andern, wie das Kalb aus der Kuh,

aber gleichwohl spricht man in der Herzegowina:

> Es hoffte die Stiefmutter auf ein eignes Kind, und sie blieb
> unfruchtbar.

Denn:

> Kinder schöpft man nicht aus Brunnen;

> Kinder leckt man nicht aus Schnee;

> Kinder findet man nicht auf dem Miste, (b.)

und wenn es auch heißt:

> Mit viel Weibern zeugt man viel Kinder, (b.)

und:

> Kinderzeugen ist keine Zwangsarbeit, (b.)

---

1) Er ist dazu gekommen, wie die Jungfer zum Kinde. (b.)
2) Wenn sich die Jungfer auf's Küssen legt, so legt sie sich auch
   auf's Kissen. (b.)
   Freigebig mit der Lippe, freigebig mit der Hüfte. (engl.)

so hat der Russe doch nicht Unrecht, zu versichern:

Es kommt Keine zum Kinde ohne gewissen Grund.

Bitter beklagt sich daher der Neugrieche:

Ich sage ihm, daß ich Eunuch bin, und er frägt mich, wie viel
Kinder ich habe;

der Lette spricht spottend:

Wenn der Blöde nur den Gurt seines Weibes gelöst hat, harrt
er bereits des Erben,

und der Russe bezeichnet eine ganz unmögliche Hoffnung
mit der Redensart:

Seine Frau nackt sehen, und davon Kinder erwarten.

Er weiß es nämlich sehr gut, der Russe, wie er es
anstellen soll, um Kinder zu bekommen, indem er erzählt:

Rund ist der Himmel, und rund ist die Erde. Rund sollen
wir Alle sein, sagte der feiste Mönch, und machte die Nonne
rund,

aber statt jeder näheren Auseinandersetzung theilt er blos
als unumstößliches Naturgesetz mit:

Es hat seinen Grund, daß der Mann nicht den Mann hei=
rathet, sondern das Weib,

eine Wahrheit, die auch der Lette bestätigt, indem er
behauptet:

Wo der Kater fehlt, können auch drei Katzen nicht eine Maus
gebären.

Knabe oder Mädchen?

Ist die Zeit gekommen, wo der Bewohner des Ober=
harzes seinem Nachbar in's Ohr raunt:

Es hot getippelt,

oder:

Sie ist auf dem Kinderfang gewesen, [1]

und der Franzose geheimnißvoll flüstert:

Vier Füße in zwei Schuhen, [2]

oder, gleich dem Portugiesen, äußert:

Sie ist gehindert, [3]

so sitzt der Deutsche in der Verlegenheit, ob er auf:

Hänschen im Keller,

oder auf:

---

1) Sie geht nach Hänschen und Gretchen. (Hmbrg.)
   Das Kind rückt nach der Herberg'. (Hrz.)
2) Sie hat zwei Füße in einen Schuh gesetzt. (it.)
   Sie leidet an doppelter Milz (an zwei Geschlingen). (t.)
   Sie ißt für Zweie. (frz.)
3) Sie ist gehemmt (Pic.), beladen (frz.), voll (sp.), zu Fracht
   gekommen (ma.),
ein Ausdruck, der an die Worte der berüchtigten Julia, der Toch=
ter Kaiser August's, erinnert:
   Non nisi navi plena vectorem tollo.

Gretchen in der Küche [1])

trinken soll.

Die Italiener glauben aus der Form des Leibes einer schwangeren Frau das Geschlecht des Gegenstandes ihrer Hoffnungen errathen zu können, indem sie ver= sichern:

> Spitzer Bauch, ein schönes Mädchen,
> Apfelbauch, ein schönes Knäbchen, (v.)

oder:

> Wenn der Bauch sich spitzig zeigt,
> Deutet's Nadel an und Kissen;
> Ist er in der Dünnung breit,
> Wird's ein Knabe werden müssen, (ver.)

und hinzusetzen:

> Bauch getheilt, der Kinder zwei, (v.)

weil eine Furche mitten auf dem Bauche Zwillinge an= deuten soll. Auch anderwärts giebt man verschiedene Anweisungen, um den gewünschten Aufschluß zu erhal= ten, indessen ist es ebenso unmöglich, sich volle Gewiß= heit darüber zu verschaffen, wie:

> Schwangerschaft vor der Hebamme verbergen zu wollen, (hb.)

und ganz unfehlbar ist nur die Behauptung des Deutschen:

> In vierzig Wochen wird sich's zeigen,
> Was man gespielt hat auf der Geigen,

denn:

> Der Bauch ist ein Wirthshaus,
> Die Gäste gehen ein und aus;
>
> Das Stünblein
> Bringt das Kindelein, (b.)

---

1) Mariechen im Schränkchen. (h., vl.)

und blos in England herrscht die sonderbare Meinung:

Langzüngige Frauen tragen lange.

Sobald daher der Mann zur Frau sagen kann:

Da ich für die Wiege gesorgt habe, so sorge du für's Kind, (r.)

bleibt ihm nichts Anderes übrig, als in Geduld zu war=
ten, was kommen wird, ob:

ein Pfeifel,

oder:

ein Geigel, [1])

und einstweilen ihre Gesundheit auszubringen.

Vor Zeiten hatte man eine besondere Art Becher
dazu, welche „Hänschen im Keller" und „Gretchen in
der Küche" hießen. Sie waren aus Silber und ver=
goldet, der Fuß sehr lang, und die Schale darauf, einer
Muschel ähnlich, hatte die Einrichtung, daß, wenn man
Wein hineingoß, durch den Druck eine Oeffnung am
Rande entstand, aus welcher ein Knäblein oder Mägd=
lein emporstieg. Aus solchen Bechern nun trank man
des Spaßes wegen Frauen zu, die gern Nachkommen=
schaft haben wollten oder ihr entgegensahen, indem man
mit dem Trinkspruch:

Es lebe Hänschen im Keller!

---

1) Geige diente früher in Deutschland zur Bezeichnung des
weiblichen, Pfeifel zu der des männlichen Geschlechtes. Daher
das Sprichwort:
    Wenn der Mann des Nachts und das Weib bei Tag das
        Regiment führt, so stimmen Pfeifel und Geige zusammen.
Die Franzosen nennen ein Mädchen scherzhaft:
    Un compagnon (garçon) fendu oder pisseuse,
und die Deutschen beschreiben einen Knaben als:
    Ein Kind, woran der Hafner das Pfeifel nit vergessen hat.

ober:

> Es lebe Gretchen in der Küche!

den Wunsch ausdrücken will, daß eine Frau bald in die „intereſſanten Umſtände" kommen möge, in welchen es heißt:

> Iſt Hänschen im Keller, ich will's nit erſchrecken,

ober daß ſie, wenn ſie ſchon, wie der Franzoſe ſich aus= brückt, am „Neunmonatsübel" leidet, eine glückliche Schwangerſchaft und Entbindung haben möge.

Und iſt e i n Glückwunſch angebracht, ſo iſt es dieſer, denn es iſt kein „Kinderſpiel," ein Kind zur Welt zu bringen, ober, wie die Eſthen ſich ausbrücken:

> Das Kind auf die Kniee zu heben.
>
> Man ſchüttelt die Kinder nicht von ſich ab, wie die Nüßlein von der Haſelſtaude; (r.)
>
> Kinder gebären iſt nicht Blumen pflücken, (r.)

und:

> Zwei Kinder tragen iſt leichter, als eins gebären. (r.)

Nur ſelten wird es einer Frau zu Theil, ſo raſch und glücklich entbunden zu werden, wie jenes Mädchen, von dem man erzählt:

> Da liegt's, davon man lange hat geſagt! ſprach die Maid beim Tanze, der das Kind entfiel, (b.)

ſo daß der Franzoſe Urſache hat, ſeine Redensart:

> Sie thut Nichts, als ihre Kniekehle ſchütteln,

anzuwenden, und oft iſt die Niederkunft ſo ſchwer, daß man mit dem alten Griechen ausrufen könnte:

> Eine Elephantin hätte ſchneller geworfen!

Ja, ſchon:

> Der ſchwangeren Frau ſteht das Grab offen, (v.)

und:

> Der Wöchnerin steht das Grab vierzig Tage offen. (sa.)

Mit Recht spricht deshalb der Finne:

> Süß ist der Empfängniß Stunde,
> Bitter ist die Zeit der Wehen,

und der Russe gebraucht das Gleichniß:

> Empfangen ist eine süße Nuß, Gebären die bittere Schale
> dazu.

Allerdings sagt man:

> Die zum ersten Mal gebären,
> Kommen nieder, wann sie begehren, (v.)[1]

oder:

> Vornehme Frauen gebären in drei Monaten; (b.)[2]
>
> Steht das Kind wohl, so ist jede Hebamme gut, (b.)

und:

> Der Schmerz des Gebärens ist ein bald vergessenes Uebel; (it.)[3]

aber gleichwohl heißt es:

> Wenn die Edelfrau niederkommt, so geschieht's auch nicht aus
> ihrer Rocktasche; (r.)
>
> Jede Schwangerschaft hat ihre Weise, (v.)

und:

---

1) Frauen kommen nie zu spät nieder, sie heirathen nur nicht
früh genug. (b.)
2) Großer Herren Frauen gebären in drei Monaten. (b.)
Glücklichen auch nach drei Monaten Söhne. (lat.)
Dieses Sprichwort kam auf, als die Kaiserin Livia, nachdem sie
erst vor drei Monaten die Hochzeit gefeiert, den Drusus gebar,
und, weil es die Kaiserin war, Niemand davon reden durfte.
Aehnlichen Ursprungs war das vor einigen Jahren übliche
Witzwort der Belgier:
Eine Kaiserin kann auch ohne Niederkunft Mutter werden.
3) Der Schmerz vorüber, die Hebamme vergessen. (v., l.)

Schmerz nach Entbindung geht nicht fort, (v.) [1])

weil Krankheiten, die während des Wochenbettes ein=
treten, gewöhnlich langwierig und gefährlich sind.

Die Venetianer sind daher der Meinung:

Mit den Folgen einer Entbindung hat man ein Jahr zu thun,

und in Brescia glaubt man gar:

Im Schaltjahr Mutter oder Kind,

d. h. kommt eine Frau in einem Schaltjahr nieder, so
stirbt entwedér sie, oder das Kind.

Eine vorzeitige Niederkunft, welche der französische
Bauer mit den Worten verkündigt:

Unsere Henne hat ihr Ei zerbrochen, [2])

der Esthe mit der Redensart bezeichnet:

Das Kind geht über die Hände,

und der Niederdeutsche charakteristisch

miskraam, Mißwochen,

nennt, ist zwar in den Augen des Südländers nur:

eine neue Schwangerschaft,

indem der Toscaner erklärt:

Eine Frau, der's fehlgegangen, ist bald wieder, was sie war
(d. h. schwanger);

indessen ist das nicht überall der Fall, und selbst die
Hebräer, auf deren Frauen man die Redensart des Ita=
lieners anwenden kann:

Immer mit Bauch, (v.)

---

1) Schmerzen nach der Entbindung, da kann man warten, ehe
   sie fortgehen. (v.)
2) Ihr Peterchen niederlegen. (ma.)

ober:

Mit Eier und Küchlein, (t.) [1]

(b. h. immer schwanger, oder schwanger und noch trän=
kend), gestehen blos zu:

Eine Frau, welche der Fehlgeburten gewohnt ist, erschrickt nicht
mehr.

Die Slaven warnen vor Allem, nicht mehrere Heb=
ammen zu nehmen, denn:

Wo viele Hebammen sind, haben die Kinder Brüche; (s.) [2]

Wo viele Hebammen sind, geht das Kind zu Grunde, (kr.,
kro., slo.)

und:

Bei sieben Kindsfrauen: ein Kind ohne Augen. (r.) [3]

Auch die Magyaren theilen diese Ansicht:

Zwischen vielen Hebammen geht das Kind verloren; [4]

der Lette versichert:

Wer seinem Weibe zwei Hebammen giebt, der nimmt ihm ein Kind,

und der Hebräer spricht:

Zwischen der Hebamme und der Gebärerin geht das Kind der
Armen zu Grunde.

---

1) Die Franzosen nennen dies spottweise:
   Die Milch erneuern;
   die Deutschen sagen:
   Es ist schwer, zwei Gäste ernähren: einen im Haus und den
   andern vor der Thür.
2) Wo viele Hebammen sind, bleibt dem Kinde der Nabel un=
   abgeschnitten. (wal.)
3) Wo viel Kinderfrauen sind, ist das Kind ohne Nase. (pers.)
   Wenn zwei Wärterinnen sind, wird des Kindes Kopf schief.
   (pers.)
4) Heben Zwei an Einem Kinde,
   Mutter geht und Kind verloren. (fin.)

Ist aber die Frau glücklich

nach Rom gegangen, (cz., kr., kro., slov.)[1]

verkündet der lausitzer Wende die frohe Neuigkeit:

Der Ofen ist uns eingestürzt, (olf.)[2]

und hat man im Wallonen=Lande ein Kind im Kohl gefunden,[3] so ist die erste Frage des Holländers:

Was hat Gott verliehen, einen Jungen oder ein Mädchen?

Der Pommer antwortet stolz:

Ein Kind,

wenn es nämlich ein Knabe ist; bei einem Mädchen aber erwiedert er kleinlaut:

's ist nur ein Mädchen,

und die Morlaken Dalmatiens vergessen in diesem Falle nicht, entschuldigend hinzuzufügen

---

1) Sie ist nach Rom gewallfahrtet. (tyr.)
2) Der Ofen wird bei ihr bald einfallen. (b.)
   Die Haiden sind eingebrochen. (Mrk.)
   Sich halbiren. (frz.)
Eine andere Redensart der Franzosen zur Bezeichnung der Nieder=kunft ist:
   Kleine Pasteten ausschreien,
und bei den untersten Volksklassen:
   Pisser des os.
Wird eine sehr junge Frau Mutter, sagen die Holländer:
   Das Lamm hat gelämmert.
3) So wie man in Frankreich und Italien Kindern das Dick=werden einer Schwangeren mit den Worten erklärt:
   Sie ist von einer Schlange gebissen worden,
so stellt man in Deutschland je nach den Gegenden und Ort=schaften den Kindern vor:
   Der Storch (in Böhmen: der Rabe) hat das Kind gebracht;
   Die Kinder wachsen auf gewissen Bäumen oder Sträuchern,
und:
   Die Kinder werden aus Brunnen, Teichen, Höhlen und Bergen geholt.

Mit Verlaub zu melden.

Denn die meisten Völker pflichten der Meinung des Hebräers bei:

> Männliche Kinder sind aller Welt lieb; aber wehe dem Vater der Mädchen!

Der Hindostaner sagt:

> Die Lampe eines dunkeln Hauses ist ein Sohn;

der Araber:

> Der Sohn ist die Frucht des Herzens,

und der Perser nennt ihn:

> Des Blinden Stab.

Der Hebräer erklärt nicht nur:

> Kommt ein Knabe zur Welt, so bringt er seinen Laib mit; ein Mädchen bringt gar nichts mit,

indem sich Männer durch die verschiedenen Berufsarten, die ihnen vorliegen, leichter ernähren können, als Frauen, sondern behauptet noch außerdem:

> Eine Tochter ist ihrem Vater ein eitler Schatz; aus Sorge für sie kann er nicht schlafen. Ist sie klein, vielleicht wird sie verführt; ist sie herangewachsen, vielleicht begeht sie einen Fehltritt; ist sie mannbar, vielleicht bleibt sie unverheirathet; ist sie verheirathet, vielleicht bleibt sie kinderlos; ist sie alt, vielleicht treibt sie Zauberei,

und in Mailand heißt es deshalb:

> Wenn ein Knabe geboren wird, freut sich die Familie; aber wenn es ein Mädchen ist, geräth die Familie in Wuth.

Der Spanier spricht zwar ebenfalls:

> Söhne und Lämmer die Felder voll,

versichert aber gleich dem Portugiesen:

> Dem glücklichen Manne wird zuerst die Tochter geboren,

weil sie später die kleineren Brüder mit erziehen helfen kann, und in Venedig sagt man:

Glücklich ist die Frau, deren erstes Kind ein Mädchen ist,

da man glaubt:

Das Mädchen macht die Mutter schön.

Auch der Toscaner ruft, eingedenk schlimmer Erfahrungen, muthlos aus:

Wer sagt: Söhne,
Sagt: Stöhne!

der Bergamasker meint:

Wer Söhne hat,
Der Hündlein hat,[1]

und obgleich der Brescianer äußert:

Söhne und Land giebt's nie genug,[2]

ist man doch in ganz Italien der Ansicht:

Söhne zu erziehen ist wie Eisen zu verdauen,

während man in Polen von den Mädchen rühmt:

Mädchen wachsen schnell wie der Hanf,

oder:

Ein Mädchen ist wie eine Weidenruthe: wo du sie hinsetzest, da wächst sie, (g.)

und in Dänemark behauptet:

Gott ist der Vormund aller Mädchen.

Nur ist's leider wahr:

Ist die Erziehung vollendet, so fangen die Sorgen und Mühen erst recht an, (da.)

denn:

Töchter sind leicht zu erziehen, aber schwer zu verheirathen, (b.)

oder:

---

1) Jeder Sohn ein Hündlein. (b.)
   Wer einen Sohn hat, hat blos eine Plage. (v.)
2) Söhne und Betttücher sind nie zuviel. (b.)
   Weder Söhne, noch Tisch= und Bettzeug giebt's je zuviel. (v.)

Töchter an den Mann zu bringen,
Harter Knochen zu verschlingen. (v.)

Darum heißt es:

Ein Haus voll Töchter ist ein Keller voll sauer Bier; (h.)

Wer viel Mädchen und viel Häuser hat, lebt ohne Freude; (Pat.)

Frisch Brod, viel Töchter und frisch Holz sind der Ruin des
Hauses, (prov.)

und:

Wenn du vom Unglück heimgesucht wirst, oder viele Töchter
hast, so leiste muthig Widerstand. (ar.)

Taufe.

Getreu dem deutschen Sprichwort:

Man muß dem Kinde einen Namen geben,

sieht man sich zeitig nach Gevattern um, und obgleich der Russe räth:

Bestelle den Kindtaufsschmaus nicht, ehe das Kind da ist,

hört man doch oft sagen:

Noch ist er nicht geboren, und heißt schon Johann; (sic.)

Das Kind ist noch nicht geboren, und wird doch schon „der Siegreiche" genannt, (pers.)

und:

Wir haben das Kind noch nicht gesehen, und es schon Johann genannt. (ngr.)[1])

Ja, der Hindu erzählt sogar:

Er verheirathete sich gestern Abend, und hat den Knaben bereits Mahmud genannt,

so daß man wirklich versucht werden könnte, von dem jungen Ehemann zu glauben, er habe den Worten des Russen nachgegeben:

Hast du die Stute gekauft, so führe sie auch in den Stall,

d. h., wenn du dir, um mit dem Franzosen zu reden,

---

1) Wir haben keinen Sohn, und geben ihm einen Namen. (sp.)

eins von den Broden im Ofen geborgt,[1])

so heirathe bald, und es habe von ihm geheißen:

Er hat das Kalb schon, bevor er die Kuh hat, (r.)[2])

oder:

Das Ei ist schon da, die Henne fehlt noch. (tat.)

Denn wenn man auch nur im Spotte spricht:

Das Kind ist noch nicht geboren, und die Mütze schon ge=
lauft, (alb.)

oder:

Er kauft die Wiege, bevor an ein Kind zu denken ist, (h.)

so hat der Finne doch nicht ganz Unrecht mit seiner
Gnome:

Auf mußt hängen du die Wiege,
Ehe dir das Kind geboren,[3])

und in dem oben gedachten Falle wären daher die Vor=
bereitungen zur Taufe allerdings etwas zeitiger zu treffen,
als es sonst zu geschehen pflegt.

Bei reichen Eheleuten hält es nicht schwer, Jemand
zu finden, welcher, nach der in der Grafschaft Mark
üblichen Redeweise,

die großen Hosen anzieht,

d. h. Pathe wird, indem man in Finnland versichert:

Dem nicht fehlt es an Gevattern,
Dem nicht fehlet es an Gästen,
Wer besitzt die Honigkuchen,
Wer besitzt die Methpokale.

---

1) Ein Kind auf Credit machen. (frz.)
   Die Scheuer ist vor der Ernte voll. (frz.)
2) Die Kuh mit dem Kalbe nehmen. (frz.)
3) Die Wiegen der Finnen sind, wie die der Esthen, Schaukel=
wiegen, die an einem von der Decke des Zimmers herabhängen=
den Seile befestigt sind.

Nur rathen die Slaven:

Deiner Frauen Schwester wähle nicht zur Taufmutter, (r.)

und:

Die Frau nimm aus der Nachbarschaft, aber die Gevattern möglichst weit her, (olf.)

oder:

Nimm die Frau aus nächster Nähe, die Gevattern aus weitester Ferne, (kro.)

indem sie als Grund hinzufügen:

Den Wind erjagst du nicht im Felde, und vom Geklatsche der Gevattern machst du dich nicht los. (r.)

Deshalb fleht auch der Russe:

Gevatterchen, Gevatter, taufe mein Kind, aber kenne meinen Hof nicht,

und der Czeche geht sogar so weit, zu sagen:

Je mehr Gevattern, je mehr Schelme.

In Deutschland giebt man die Vorschrift:

Wer einen Wolf zum Gevatter hat, der schenk' ihm unterm Mantel einen Hund in's Kindbett,

und rühmt besonders die Vertraulichkeit des:

Gevatter über'n Zaun, Gevatter wieder herüber,

welche das Gevatterstehen hervorruft.

Die Niederländer sind ebenfalls der Ansicht:

Bei Hochzeiten und Kindbetten unterhält man die Freundschaft,[1])

aber dessenungeachtet treffen arme Familien nur selten Personen, welche bedauern, daß es heißt:

---

1) Bei Hochzeiten und Begräbnissen erkennt man Freunde und Verwandte. (frz.)
Bei der Hochzeit und beim Tode erkennt man die Freunde und Verwandten. (it.)

Man kann nicht auf einmal aller Kinder Gevatter werden, (b.)
sondern machen meistens die traurige Erfahrung: Erst
wenn das Kind getauft ist, will es Jedermann heben. (b.)
Sehr natürlich:

> Kinderheben ist ein' Ehr',
> Macht den Beutel aber leer, (b.)

und dazu noch in der katholischen Kirche die allbekannte
Verordnung:

> Der Taufstein scheidet, (b.)

weil Täuflinge und Taufpathen in eine geistliche Ver=
wandtschaft treten, und sich nach canonischem Rechte nicht
heirathen dürfen, weshalb man auch sagt:

> Wer bei der Taufe zusammensteht, kommt nimmermehr zu=
> sammen. (Mrk.)

Nun stellt zwar der Däne die Gewißheit in Aussicht:

> Wenn das Kind todt ist, ist die Gevatterschaft aus,[1]

und das kann bald geschehen, auch ohne daß man die
Weisung verletzt:

> Man soll das Kind nicht mit dem Bade ausgießen.[2]

Denn man weiß:

> Die Geburt ist der Gesandte des Todes; (ar.)[3]
>
> Den Tod frißt ein Jeder am ersten Brei, (b.)

und:

> Ebenso schnell stirbt Kalb, wie Kuh, (frz.)[4]

---

1) Wenn das Kind todt ist, hat die Gevatterschaft ein Ende. (b.)
  Ist das Kind todt, ist hin die Gevatterschaft. (ma.)
  Stirbt das Kind, stirbt auch die Gevatterschaft. (cz.)
  Stirbt das Pathenkind, ist die Gevatterschaft verdorben (zer=
    rissen). (i.)
2) f. D. S. a. K. III, 120.
3) Bei jeder Geburt wird eine Leiche angesagt. (b.)
4) f. D. S. a. K. I, 154—55.

und kann sich nicht verhehlen:

> Kinder und Bienenstöcke nehmen bald ab, bald zu. (d.)

Wenn daher der Litauer die trübe Kunde bringt:

> Das Kind erlosch,

oder:

> Der Herrgott hat das Kind gepflückt,[1])

so spricht man in Hindostan:

> Der verheiratheten Frau Kind ist spielen gegangen,

d. h. ein anderes als Ersatz kann bald wiederkommen, und der Franzose giebt der jungen Frau, die am Sarge ihres Kindes steht, den philosophischen Trost:

> Das ist Silbergeschirr, nur die Arbeit ist verloren.

Aber obwohl man weiß:

> Glücklich ist in dieser Welt nur der, welcher in den Windeln stirbt, (it.)[2])

und sich selbst eingestehen muß:

> Besser der Apfel, als der Stamm fällt ab, (plattd.)

so wird doch Niemand auf ein solches Ende der Ge=vatterschaft rechnen wollen, wenn er denken muß:

> Die unglückliche Mutter, welche ihre Kinder verloren hat, ist nicht gleich dem Weibe, das für Geld weint. (äg. ar.)

Denn wahr ist es:

> Wenn's nicht geboren ist, kein Jammer; wenn's nicht gestorben ist, kein Kummer, (lit.)

---

1) Wie es gekommen, ist es gegangen: es ist von Gott gekommen, und ist in Gottes Haus gegangen. (malt.)
2) O wie schön ist das Paradies für das Geschöpf, das in den Windeln stirbt! (malt.)
   Es ist Keiner in der Welt glücklicher, als wer in den Kinder=windeln stirbt. (3.)

und die Frau eines Hindu frägt mit ungekünstelter Herzensangst:

> Mein Kind ist (mir) sehr theuer, mein Mann ist mir sehr theuer, bei wem soll ich schwören?

obgleich eine andere entschieden den Mann höher stellt, indem sie leidenschaftlich ausruft:

> Mag mein Sohn sterben, aber laß uns nicht von einander scheiden!

vermuthlich, weil sie weiß, was sie am Manne hat, aber nicht wissen kann, wie der Sohn gerathen wird, indem es heißt:

> Das Kind, das Pferd und der Wein sind drei Dinge, welche täuschen, (dä.)

und die Grabschrift eines Sohnes nicht selten lautet:

> Geboren, herangewachsen, verdorben, gestorben. (lit.)

Nicht mindere Unsicherheit, als über die Zukunft der Kinder, herrscht über ihren Ursprung.

Allerdings sagt man:

> Jedes Kind ist seines Vaters, (b.)

oder:

> So Ostern auf einen Sonntag fällt, ist jedes Kind seines Vaters, (b.)

d. h. immer, da der Ostertag stets auf einen Sonntag fällt, und setzt hinzu:

> Der, dessen Vater und Mutter am Leben sind, wird nicht Bastard genannt; (hb.)

aber es heißt auch:

> Es ist ein kluges (weises) Kind, das seinen Vater kennt; (b., bä., h.)

> Niemand kann seinen Vater nennen, (frz.)

und:

Der Vater weiß wohl wann, aber die Mutter weiß woher. (r.)

Ja:

> Man giebt oft Einem ein Kind, wär's eine Gans, es wär' keine Feder daran fein, (d.)

und mancher Vater, welchem die Verpflichtung obliegt:

> Der Vater muß dem Kinde den Namen geben, (d.)

kann ausrufen:

> Es heißt nicht: Fleisch von meinem Fleische! (d.)

Denn, leider, ist es nicht zu leugnen: obgleich der Neger in den französischen Colonien jämmerlich klagt:

> Ich füttere das Pferd nicht, um es den Offizieren zum Reiten zu geben,

so ist doch kein Gerichtshof in Europa mit Geschäften überhäufter, als der, welchen die Franzosen

la Cour des Aides

nennen, und wenn auch nicht jede Frau ihren Nachbar mit den Worten bedauern kann:

> Ach, was für Mühe, Nachbarin! Der Hirsch wechselt das Ge= weih alle Jahre, und euer Mann alle Tage! (sp.)

so ist doch kein Land von Reisenden besuchter, als das, wohin die Frauen ihre betrogenen Ehemänner schicken, und welches die Franzosen und Italiener deshalb als Cornwallis bezeichnen. Namentlich sind es die Geist= lichen und Mönche, welche der Volksmund beschuldigt, sich den Namen „Vater" buchstäblich zu verdienen, ohne verheirathet zu sein, und scherzweise erzählt man in Deutschland:

> Ei, ei, wie ist das Kind dem Vater so ähnlich! sagen die Weiber, wann Eine hat geboren. Da frug eines Bauern Frau: hat es auch die Platte auf dem Kopfe?

Darum versichert der Russe:

Nicht alle Kinder des Gutsherrn sind Junker;

der Spanier behauptet:

Niemals starb eine gescheite Frau ohne Erben;

der Venetianer antwortet auf jede Frage über seine Herkunft mit dem charakteristischen, aber unübersetzbaren Reimvers:

Mare sicura e pare de ventura
(die Mutter [ist] sicher, und der Vater ungewiß);

der Däne spricht ironisch:

Die Mutter sagt's, der Vater glaubt's, ein Narr zweifelt daran,

und der Deutsche erklärt mit „deutscher" Offenheit:

Hätte jedes Kind seinen rechten Namen, so hießest du nicht Peter Götz,

indem er frägt:

Kennte jedes Kind seinen Vater, wo wolltest du deinen finden?

Dies führt uns unserseits zu der Frage:

Wie ist das Kind?

In Hindostan giebt man zur Antwort:

Das Kalb ist gleich der Kuh, und das Füllen wie sein Vater, wenn nicht ganz, so sicherlich in einem Grade,

und fast überall heißt es:

Der Apfel fällt nicht weit vom Stamme, (eur.)[1]

oder:

Die Frucht ist wie der Baum. (d.)[2]

Denn:

Nicht erwart' es von der Tanne,
Daß sie trage klare Aepfel; (fin.)

ja:

Es fällt kein Süßapfel von einem Sauerapfelbaum, (d.)

---

1) Der Apfel fällt nicht weit vom Baum, es sei denn, daß der= selbe an einem Reg (Abhang) steht. (Eif.)
Die Birne fällt unter den Birnbaum. (alb.)
Die Baumfrucht fällt unter den Baum. (E.)
2) Wie der Stamm, so die Frucht. (fr., kro.)
Wie der Baum, so das Obst. (engl., cz., p.)
Gleich dem Samen das Korn. (ba.)
Wie der Same, so auch die Frucht. (cz., f.)
Wie der Stamm, so die Sprossen. (esth.)
Wie der Baum, so der Schößling. (r.)
Wie die Wurzel, so der Schößling. (olf., klr.)
Wie das Holz, so der Span. (sp.)
Die Zweige geben von der Wurzel Kunde. (ar.)

sondern:

Wie der Apfelbaum, so die Aepfel. (lit.)

Aus einer Eichel wird nur eine Eiche; (cz.)

Aus der Ameis' kleinen Eiern
Werden Hühner nicht gebrütet, (fin.)

unb:

Eine Schlange kann Nichts zur Welt bringen, als eine kleine
Schlange. (äg. ar.) [1])

Grau ist das Schwein, grau sind auch die Ferkel; (lit.)

Wie die Elster, so ihr Kleines, (ba.)

und:

Die Jungen der Ente sind Schwimmer. (äg. ar.)

Deshalb sagt man:

Den Baum erkennt man an den Früchten; (d., it., lat.)[2])

versichert:

Ein guter Baum kann keine schlechten Früchte tragen, (lit.)[3])

und behauptet:

Von schlechtem Samen kann man keine gute Frucht haben, (b.)[4])

oder:

---

1) Eine Viper erzeugt nur eine Viper. (al. ar.)
Andere Beispiele f. D. S. a. K. I, 59.
2) Einen Baum erkennt man an seinen Früchten. (engl., frz.)
Vom Baum erkennt man die Früchte. (m.)
3) Der gute Baum trägt gute Frucht. (m.)
Von süßem Baume fallen süße Aepfel ab. (lat.)
Von guter Wurzel guter Schößling. (r.)
Von schönen Pferden fallen schöne Fohlen. (b.)
4) Von schlechtem Samen erwarte keine gute Frucht. (r.)
Von schlechtem Baume schlechtes Obst. (cz.)
Von einem schlechten Stamme kann nie ein gutes Scheit
kommen. (b.)
Von schlechtem Weinstock nie gute Rebe. (port.)
Aus schlechtem Dornbusch nie gute Ranke. (sp.)

Von einem schlimmen Raben ein schlechtes Ei. (frz.) [1]

Aus demselben Grunde erklärt der Esthe:

> Wie die Eltern, so die Kinder,
> Wie der Herr, so der Bauer, [2]

und der Russe folgert ganz mathematisch:

> Wenn der Lügner die Diebin freit, wird der Mörder geboren.

Auch der Neugrieche ruft ironisch aus:

> Geh' zu den Zigeunerkindern und wähle das weißeste!

weil sie nämlich alle schwarz sind, wie ihre Eltern, und der Araber in Aegypten stellt die Frage:

> Wessen Mutter das hitzige Fieber, und wessen Vater das kalte ist, wo soll da die Gesundheit herkommen?

um anzudeuten, daß der Charakter der Eltern auf die Kinder wirkt.

Nur ist man darüber uneins, ob die Mutter oder der Vater größeren Einfluß ausübe.

Der Russe spricht:

> Wie der Vater, so auch die Kinder,

und der Niederdeutsche:

> Das dritte Theil vom Kinde schlägt nach dem Vater;

der Perser dagegen:

> Der Sohn einer Kammerjungfer taugt nicht, wenn auch sein Vater ein König wär',

---

1) Schlimmer Vogel, schlimmes Ei. (cz.)
   Von einer schlechten Henne sind auch die Eier schlecht. (r.)
   Aus schlechtem Vogel schlechtes Ei. (sp.)
   Böser Vogel, böses Ei, (b.)
unb:
   Böses Ei, böses Küchlein. (b., h.)
   Aus schlechten Eiern kommt kein guter Vogel, (lat.)
denn:
   Wie der Vogel, so legt er die Eier. (plattb.)
2) Wie die Frau, so die Magd; wie der Herr, so der Knecht;
   wie die Eltern, so die Kinder. (Eif.)

und der Türke ist der Ansicht:

Das Naturell, das man mit der Milch eingesogen, geht nur mit dem Leben fort. [1]

Im Allgemeinen aber nimmt man an:

Es gebar die Mutter den Sohn ähnlich dem Vater, (r.)

oder:

Wie der Vater, so der Sohn; (engl.) [2]

Wie die Stute, so das Mutterfüllen, (lett.) [3]

und:

Am Vater erkennt man den Sohn, an der Mutter die Tochter, (s.) [4]

weshalb man auch sagt:

Es ist ein Kind von seinem Vater, (ngr.)

oder:

Er ist wie aus des Vaters Munde gefallen, (esth.) [5]

---

1) Das hat er aus seiner Mutter Brust eingesogen. (h.)
   Das ist ihm mit dem Kindsbreilöffel eingegeben. (vl.)
       Ist der Wieger voller Dummheit,
       Dumm wird sein auch der Gewiegte. (fin.)
2) Wie der Acker, so die Rüben,
   Wie der Vater, so die Buben. (d.)
   Wie der Vater, so der Sohn; wie das Wasser, so die Mühle. (cz.)
   Wie der Baum, so die Art; wie der Vater, so der Sohn. (p.)
   Wie der Müller, so die Mühle; wie der Vater, so der Sohn. (g., cz.)
   Der Sohn gleicht seinem Vater, und das Füllen seinem Er-
   zeuger; wenn nicht ganz, so doch zum Theil. (hd.)
3) Wie die Mutter, so die Tochter. (cz., frz., s.)
4) Wie der Vater, so ist der Sohn; wie die Mutter, so die
   Tochter. (vl.)
   Wie der Vater, so das Kind; wie die Mutter, so die Toch-
   ter. (frz.)
   Aehnlich heißt es:
   Der Hund ist seinem Herrn gleich, die Katze ihrer Frau. (isl.)
5) Es ist sein Vater ganz gespuckt. (frz.)
   Er ist seinem Vater wie aus den Augen geschnitten (d.), (h.:
   gestohlen).

um die Aehnlichkeit eines Sohnes mit seinem Vater zu bezeichnen.

Gleichwohl ist dies nicht immer der Fall, und physisch, wie moralisch, muß man häufig anerkennen:

> Die Rose bringt Brombeergesträpp hervor, und dieses erzeugt die Rose, (alb.)[1]

oder:

> Der Birnbaum zeugt Holzbirnen, und der Holzbirnbaum süße Birnen, (ngr.)

kurz:

> Aus einem guten Stamme kommt oft ein schlechtes Reis, (frz.)

und:

> Es giebt keinen Baum, der nicht einen dürren Zweig hätte, (ba.)[2]

oder:

> Kein Geschlecht (ist) ohne Auswuchs. (wßr.)

Denn:

> Die besten Eltern haben oft ungerathene Kinder, (b.)[3]

und:

> Auch gottlose Eltern haben zuweilen fromme Kinder; (b.)[4]
>
> Ausgezeichneter Leute Kinder sind mißrathen; (cz.)
>
> Erzeuger, die ihres Gleichen nicht haben, haben nicht selten Nachkommen, die nur zu oft ihres Gleichen haben, (hbr.)

----

1) Vom Dornstrauch kommt eine Rose (d. h. ein guter Sohn von schlechten Eltern). (äg. ar.)
   Von den Dornen geht die Rose hervor. (hbr.)
2) Der Stamm nicht ohne Auswuchs. (klr.)
   Kein Grundstück ohne Dornstrauch. (ill.)
   Das Brod nicht ohne Kleien, und der Stamm nicht ohne Auswuchs. (r.)
3) Gute Eltern erziehen schlechte Kinder, schlechte Eltern erziehen gute Kinder. (plattb.)
4) Aus schlechten Klötzen kommen mitunter gute Späne heraus. (t.)
   Aus einem häßlichen Stamm schneidet man schöne Sterne. (v.)

Das Kind im Sprichwort.   3

und:

Von heiligem Vater ist der Sohn ein Teufel, (sp.)

wenn auch der Neugrieche einer Krähe, die man frägt:

Krähe, wie geht's mit deinen Jungen?

die Worte in den Schnabel legt:

Je mehr sie wachsen, je schwärzer werden sie.

Man sieht, entschieden hat der Czeche Unrecht mit seinem Vergleiche:

Dümmer, als eine Krähe,

indem auch der Türke erzählt:

Welches sind die hübschesten Vögel? fragte man die Krähe — Meine Jungen, antwortete sie, [1]

und ein anderes Urtheil dürfte man wohl ebenso wenig von einer unbefiederten, wie von einer befiederten Mutter zu erwarten haben. Denn:

Jeder Mutter Kind ist schön. (d.)

Es meint jede Frau,
Ihr Kind sei ein Pfau. (d.)

Jeder Aeffin gefallen ihre Aeffchen,
Jeder Mutter gefallen ihre Kinder. (d.) [2]

Der Bärin scheinen ihre Bärenjungen schön. (t.)

Der Käfer ist eine Schönheit in den Augen seiner Mutter. (äg. ar.)

Alle Katzen lieben ihre Jungen. (l.)

Willst du meinen Sprößling sehen,
Meinen Sohn, den jungen Wallfisch?

---

1) Die Krähe hält ihre eigenen Jungen für die schönsten. (engl.)
2) Jedem Affenweibchen kommen ihre Jungen schön vor, (d.)
weshalb der Deutsche ausruft:
O Aeffin, was sind eure Jungen schön!
und der Holländer:
O Aeffin, was für schöne Junge habt ihr!

Also rief die Robbenmutter,
Deren Sohn um eine Spanne
Größer war, als and're Robben. (fin.)

Eine Kuh schämt sich ihres Kalbes nicht, (hb.)[1]

und:

Schön befindet ihre Jungen
Selbst die widerwärt'ge Eule. (fin.)

Der Venetianer macht daher die richtige Bemerkung:

Wenn sie zur Welt kommen, sind alle Kinder schön; wenn sie heirathen, alle gut, und wenn sie sterben, alle Heilige;

der Baske versichert:

Jede Wöchnerin ist eitel,

und der Finne meint:

Nennt ihr Kind die Mutter häßlich,
Traun, nicht ist's die rechte Mutter.

Besonders soll eine Mutter bei ihrem ersten Kinde voll des Lobes sein, so daß sogar der phlegmatische Holländer ärgerlich darüber wird und spricht:

Das Albernste, was man findet, ist eine Mutter mit ihrem ersten Kind.

Indessen haben die Männer nicht nöthig, sich darüber aufzuhalten, denn, obgleich der Neger behauptet:

Niemand auf der Welt liebt seine Jungen mehr, als eine Sklavin und eine Eselin,

so sind doch die Väter meistens nicht vernünftiger, als die Mütter:

Jedem erscheint sein Sohn als der schönste; (pers.)

Jeder Vater rühmt sein Kind; (kalmückisch)

Er kennt kein schöneres Ei, als welches er selbst legt; (vl.)

---

1) Jede Kuh leckt ihr Kalb. (g.)

Der Affe findet nie seine Jungen häßlich, (afr.)

und:

> Ist das Zigeunerkind auch schwarz, wie der Satan, der Zigeuner hat es doch lieb. (tlr.)

Der Hindostaner erklärt geradezu:

> Mein Sohn ist ein Sohn, eines Fremden (Sohn ist) zu Nichts gut,[1])

und der Lette, welcher gar meint:

> Mein einbeiniges Kind ist mir lieber, als dein zweibeiniges,

vereinigt den stolzen Vater mit der eiteln Mutter zu den selbstgefälligen Eltern, die er sagen läßt:

> Wenn unser Kind schielt, hat des Nachbars Kind glotzende Augen.

Noch ärger machen es die Großeltern, indem der Deutsche sagt:

> Nichts lieber als Kindeskind,

und als ein wahres Glück für Alle, die sonst gezwungen wären, es anzuhören, kann man es betrachten, daß es heißt:

> Es kann Keiner Großvater sein, eh' er Vater ist. (r.)

Spricht nun auch der Hindu:

> Wenn das Kind in der Wiege liegt, kannst du erkennen, was es ist,[2])

---

1) Es giebt keinen solchen Sohn, wie der von mir erzeugte. (sp.) Klassisch ist folgender Lobspruch eines alten preußischen Obersten aus Pommern:
> Mein Sohn sieht mich jut aus, mein Sohn reitet mich jut und tanzt mich jut, mein Sohn macht mich viel Freude, nur macht er mich viel Schulden.

2) Man sieht zeitig am Kamme, was ein Hahn werden will. (b.) Ein hübsches Hähnchen giebt seine Vortrefflichkeit vom Ei an zu erkennen. (äg. ar.)

so muß man doch nicht nur der Meinung des Afrikaners
beipflichten:

> Ihr macht das Kind, aber nicht sein Herz,

sondern auch dem Litauer Recht geben, wenn er ver=
sichert:

> Alle sind einer Mutter, aber nicht alle eines Verstandes.

Denn:

> Die Mutter steckt zwar die Brust in des Kindes Mund, aber
> nicht den Verstand in seinen Kopf; (esth.)[1]
>
> Kinder einer Mutter, aber nicht einerlei Art. (lit.)

und:

> Sieben Kinder eines und desselben Leibes sind verschieden in
> Gesinnung und Denken, (frz., ba.)

so daß es oft von einem Sohne heißt:

> Der ist nicht von Vater, noch Mutter. (lett.)

Verwundert über die Ungleichheit zweier Brüder ruft
der Bosnier aus:

> Beides Schwerter von einem Schmied!

während der Walache sich selbst als Erklärung sagt:

> Fünf Finger hat die Hand, und doch ist keiner dem andern
> gleich.[2]

Daher finden wir nicht selten in einer und derselben

Am Fohlen erkennt man, ob das Pferd gelehrig zum Last=
   tragen, oder geeignet zum Rennen sei. (sp.)
Am Kalb erkennt man den Ochsen. (t.)
Aus dem Kalbe sieht man, was für ein Ochse werden kann. (v.)
1) Der Sohn ist mein, aber der Verstand von ihm ist sein. (ruth.)
   Der Sohn ist mein, der Verstand sein. (slov.)
2) Nicht einmal die Finger der Hand sind einander gleich. (b.)
   Die fünf Finger sind nicht gleich. (alb.)
   Finger an einer Hand, aber nicht einer wie der andere. (g.)

Familie einen Knaben, welchen der Spanier mit den Worten zu bezeichnen pflegt:

Er ist noch nicht geboren, und er niest schon,[1])

und einen andern mit so schwachem Fassungsvermögen, daß der Neugrieche behauptet:

Er ist kurz geschnitten,

und der Provençale versichert:

Er ist so dicht, wie eine Grundmauer.

Ein Dritter fällt in die Kategorie derjenigen, welche der Lette kurz und bündig mit den Worten abfertigt:

Er taugt nicht einmal für einen Hund,

d. h. gar nichts, obwohl er aussieht,

als wenn er nicht bis drei zählen,

oder:

als wenn er kein Wasser trüben könnte, (d.)

und von den Töchtern muß man unwillkürlich einge= stehen:

Manche gute Kuh hat nur ein schlechtes Kalb, (engl.)

oder:

Eine häßliche Kuh hat ein hübsches Kalb, (v.)

so daß bei häßlichen Kindern nur die Hoffnung bleibt:

Häßlich in der Wiege, schön im Sattel, (engl.)

oder:

Ein rauhes Fohlen wird ein gutes Pferd. (frs.)[2])

---

1) Ihr seid noch nicht im Sattel und ihr reitet schon. (sp.)
   Er ist noch nicht in der Flasche und er wird schon Essig. (sp.)
2) Aus klattrigen Fohlen werden die schönsten Hengste. (d.)

Klein-Kinder-Plage.

Kind macht der Mutter immer Mühe,

heißt es im Deutschen, und ein alter Spruch in latei=
nischer Sprache lautet:

> Vor der Geburt macht das Kind der Mutter Beschwerde, bei
> der Geburt Schmerzen, und nach der Geburt Mühe.

Sagt nun auch der Finne:

> Gott sorgt für der Kühe Euter,
> Eh' geboren sind die Kälber,

so spricht der Lombarde doch bedenklich:

> Eine Frau, die selbst tränkt,
> Man weiß nicht, ist sie gescheit oder beschränkt.

Der Russe meint:

> Die Gebärerin ist die beste Nährerin;

der Deutsche erklärt:

> Was die Mütter gebären,
> Sollen sie ernähren,

und der Spanier, welcher in Erinnerung des Aergers,
den ihm die Ammen gemacht, entrüstet ausruft:

> Amme, Amme, so lange das Kind saugt, und nachher nicht
> mehr!

behauptet:

> Das Kind, seine Mutter soll es strafen, reinigen und nähren.

Indeſſen, trotz ſeines Troſtes:

> Die Mutter, welche ihr Kind nährt, ſpinnt gute Leinwand,

muß er doch ſelbſt eingeſtehen:

> Eine Frau, die nährt, iſt nie zu ſättigen und nie rein,

weil er weiß:

> Wer ſich mit kleinen Kindern zu Bette legt, ſteht beſchmutzt auf,[1])

und der Deutſche fügt hinzu:

> Wer ein ſäugendes Kind hat, der hat eine ſingende Frau,

denn:

> Kinder Weinen macht Frauen ſingen, (d.)[2])

und:

> Kinder können anders nicht, als weinen. (d.)

Wie ſollen ſie es machen, um ihre Wünſche auszudrücken? Sehr richtig heißt es:

> Wenn das Kind nicht weint, giebt ihm die Mutter die Bruſt nicht, (Hrzg.)[3])

und wenn der Spanier auch glaubt:

> Ein Kind von einem Jahr ſaugt Milch aus der Ferſe,

ſo liegt dem Säugling doch hauptſächlich an der Bruſt der Mutter:

> Eine Mutterbruſt geht dem ſaugenden Kinde vor zwei Vater= brüſten, (lett.)

indem er aus Erfahrung weiß:

---

1) Wer mit Kindern ſchläft, der ſteht naß auf. (ſ.)
2) Weinendes Kind macht ſingende Amme. (bä.)
3) Einem Kinde, das nicht ſchreit, giebt die Mutter die Bruſt nicht. (ba.)
   Man giebt den Buſen nicht dem Kinde, das nicht weint. (tü.)
   Wer wird einem Lamme geben, das nichts verlangt? (bä.)

Mehr Milch reichet ihrem Kinde
Eine Zwergin, denn ein Riese. (fin.)

Deshalb sagt man auch:

Der Amme Ehre sind volle Brüste, (lett.)

obgleich man hinzusetzt:

Große Brüste verheißen viel und geben wenig. (b.)

Die Esthen sind der Ansicht:

Ein gutes (saugendes) Kind bricht sich, ein schlimmes hat
den Durchfall,

und die Deutschen haben ebenfalls den Glauben:

Speikinder,
Gedeihkinder,

wogegen in Bergamo das Vorurtheil herrscht:

Kinder, welche sprudeln, rufen Brüder.

Während aber die Brescianer versichern:

Milch und Wein macht schöne Kinder,

behaupten die Toscaner:

Milch und Wein tödtet den Säugling,

und wenn die Franzosen pathetisch deklamiren:

Sonnenschein bei Morgenlicht,
Frau, die sprechen will Latein,
Kleines Kind, genährt mit Wein,
Kommen zu gutem Ende nicht,

erklären die Deutschen:

Wenn's Kind zahnt, soll die Mutter den Unterrock verkaufen,
um ihm Wein zu geben,

denn:

Wenn das Kind zahnt, versucht es der Tod. (sp.)

Die Spanier stellen als Regel auf:

Dem neuen Knaben Brod und Ei, und später Brod und Stock,

und die Deutschen beruhigen sich in Betreff alles dessen,
was die Säuglinge außer der Milch zu sich nehmen
könnten, mit dem Erfahrungssatze:

> Was das Kind nicht mag,
> Geht der Amme durch den Krag.

Denn die Ammen geben nicht nur wohlgegründeten An=
laß zu der Redensart:

> Du hast Ammenweise: was das Kind nicht verzehrt, issest du, (d.)

sondern stehen selbst in dem Verdachte:

> Nicht giebt die Amme das beste Stück dem Kinde, (j.)

so daß man es begreiflich findet, wenn in Hamburg er=
zählt wird:

> Am liebsten werd' ich Amme, sagte die Confirmandin.

Vermuthlich gedachte sie der guten Bissen, und der
übrigen Vortheile, welche die Ammenstellung gewährt,
indem es heißt:

> Es sitzt oft ein reiches Kind in armer Frauen Schooß, (dä.)

und:

> Um des Kindes willen küßt man die Amme. (b.)

Allerdings spricht man ebenso häufig:

> Man küßt das Kind oft um der Mutter willen, (b.)

oder:

> Wer dem Kinde die Nase wischt, küßt der Mutter den Backen, (b.)

weil man annimmt:

> Wer die Hand des Kindes ergreift, ergreift der Mutter
> Herz, (dä.)[1])

indessen:

----

1) Das Kind an der Hand, die Mutter im Herzen. (p.)

Die Amme ist nicht gleich der Mutter, (p.)

sie denkt mehr an sich, als an das Kind, und ist zu=
frieden, wenn das Kind recht schreit, fest überzeugt von
der Wahrheit des Spruches:

> Wenn Kinder wohl schreien, so leben sie lange,[1]

oder:

> Quarrige Kinder gehen am längsten. (d.)

Die Esthen glauben:

> Die Luft ist dem Küchel, die Badequaste dem jungen Kinde
> zuträglich,

und in der Lombardei räth man:

> Sollen die Säuglinge wachsen, wickle sie gut ein,

denn:

> Das Kind, welches noch keine Zähne hat, hat immer kalt; (d.)
> Das kleine Kind und das kleine Kalb frieren auch am
> Mittag, (sp.)[2]

und:

> Für ein Kind ist jedes Wetter kalt. (engl.)

Indessen:

> Ist die Mutter noch so arm,
> So giebt sie ihrem Kinde warm. (d.)

Da die Türken und Franzosen vor zu schnellem
Wachsen warnen, indem sie versichern:

> Wer rasch wächst, stirbt rasch,[3] (tü.)

oder:

---

1) Kinder, so schreien,
   Am besten gedeihen. (d.)
2) Der Teig und das kleine Kind haben kalt im Sommer. (sp.)
3) Was rasch wird, geht rasch zu Grunde. (lat.)

Was plötzlich wächst, kommt am nächsten Tage um, (frz.)

so frägt man in Deutschland alte Leute um ihr Urtheil über die Größe des Kindes, denn:

Kindermaaß und Kälbermaaß, das müssen alte Leute wissen.

Nicht minder fürchtet man zu frühe geistige Ent=wickelung, und behauptet daher:

Kluge Kinder leben nicht lange, (b.)[1]

oder:

Früh reif, früh faul. (engl.)[2]

Die Deutschen stellen die Alternative:

Frühweise Kinder leben nicht lange, oder es werden Gecken daraus,[3]

und bezeichnen das frühkluge Kind mit den Worten:

Es hat vor der Taufe geniest,[4]

während die Polen zu sagen pflegen:

Kaum hat ein Gänschen das Ei durchbrochen,
Hat's ein grün Kräutlein schon ausgestochen.

Daher wünschen die Letten:

---

1) Witzige Kinder leben nicht lange. (r.)
2) Zu früh reif ist bald verfault. (dä.)
Bald alt, bald mit Gott. (engl.)
Was bald reif,
Das hält nicht steif. (b.)
Was früh reif,
Wird nicht steif. (Eif.)
3) Kinder, welche zu zeitig weise werden, leben nicht lange, oder es werden Gecken daraus. (vl.)
Aus gescheiten Kindern werden Gecken. (b.)
Frühwitzige Kinder werden Tölpel. (b.)
Frühwitzige Kinder leben nicht lange, aber Spätobst liegt lange. (plattd.)
4) s. D. S. a. K. III, 61.

Dem Kinde kindischen Verstand,

und dieser Wunsch geht ihnen so häufig in Erfüllung, daß der Russe verdrießlich brummt:

Das Kalb der Herrschaft ist verständiger, als das Kind des Bauern,

und der Serbe sich nur mit dem Sprichwort tröstet:

Beim Popen sollte selbst das Vieh gescheit sein, und auch er hat alberne Kinder.

Weiter sagt man:

Das Kind soll kriechen, bis es gehen lernt; (dä.)[1]

glaubt:

Schwerredenden Kindern hilft es, Bettelbrod zu essen, (t.)

und warnt, weil man weiß:

Zucker, Honig und Mandelkern
Essen die kleinen Kinder gern, (Eif.)

den Kindern zu viel Zuckerzeug zu geben, indem man versichert:

Viel Zucker der Jugend macht kranke Zähne dem Alter. (Hrz.)

Allgemein aber heißt es:

Kleine Kinder, kleine Sorgen,
Große Kinder, große Sorgen. (b., dä., t., m.)[2]

Kleine Kinder (machen) Kopfweh, große Kinder Herzweh; (it.)

Kleine Kinder essen Brei, aber große nagen am Herzen, (cz.)

und:

---

1) So lange kriecht ein Kind, bis es gehen lernt. (b.)
2) Kleine Kinder, kleine Sorge. (esth.)
   Kleines Kind, kleine Sorge. (cz.)
   Klein das Kind, klein auch die Sorge. (klr.)
   Kloane Kinba, kloane Sorge; große Kinba, große Sorge. (bair.)
   Kleine Kinder, kleines Leid; große Kinder, großes Leid. (Eif.)

Kinder treten jung der Mutter auf den Schooß, und alt auf das Herz, (h.)[1])

oder:

Kinder saugen an der Mutter, wenn sie jung sind, und am Vater, wenn sie alt sind. (engl.)

Deshalb äußert auch der Holländer in der ihm eigen= thümlichen etwas kräftigen Weise:

Zieht ihr Kinder auf? Zieht lieber Spanferkel auf, so habt ihr aller sechs Wochen Geld;

ruft aus:

Wohl dem, der keine Kinder hat!

indem er meint:

Kinder sind ein Segen des Herrn, aber sie reißen die Knöpfe von den Kleidern,

und:

Von alten Leuten und jungen Kindern hat man wenig Dank,

und schließt seinen kinderfeindlichen Monolog mit dem wechselseitigen schmeichelhaften Wunsche:

O Kinder, wär't ihr groß!
O Eltern, wär't ihr todt!

Gleichwohl sagt er:

Kleine Kinder, gute Kinder,

---

1. Sind die Kinder klein, so treten sie der Mutter auf den Schooß; sind die Kinder groß, so treten sie der Mutter auf das Herz. (Eif.)
Kleine Kinder drücken den Schooß, große Kinder drücken das Herz. (Hrz.)
Wenn unsere Kinder klein sind, treten sie uns auf die Füße; werden sie größer, auf's Herz. (engl.)
Klein treten Einem die Kinder auf die Schürze, und groß auf's Herz. (heff.)

und giebt selbst den wohlüberlegten Rath:

> Werft eure Kinder nicht weg, ihr wißt nicht, wozu sie noch kommen können.

Die Litauer sind zwar nicht minder der Ansicht:

> Wer Kinder hat, hat auch Sorgen,

und die Basken versichern ebenfalls:

> Wer Kinder hat, ißt die besten Bissen nicht selbst,

und:

> Wer keine Kinder hat, ist frei von den Sorgen um die Kinder,[1]

aber diese Letzten setzen doch hinzu:

> Wer Kinder hat, der hat viel Dinge nöthig; indessen auch der Kinderlose ist nicht frei von Sorgen.

Der Deutsche behauptet in seiner Gutmüthigkeit:

> Kinder sind lieb, denn sie werden sauer,

und wenn das Liebsein von der Mühe allein abhängt, so kann man ihm nur beistimmen.

Denn nicht auf jede Mutter paßt der Scherz:

> Wer wäscht die Hasen und die Füchse, und sie sind doch glatt, sagte die Frau, da ließ sie ihre Bälge ungewaschen laufen; (Dirf.)

nicht jeder Sohn denkt:

> Meine Mutter ist 'ne arme Frau, aber sie kocht das Mus doch gar, sagte der Junge, da aß er Salat, (plattd.)

und blos:

> Dem Reichen wiegt der Teufel die Kinder, (ruth.)

von denen es ohnedies schon heißt:

---

1) Wenn das Maulthier keine Fohlen trägt, ist es auch frei von den Sorgen, welche die Thiere plagen, die welche haben. (ba.)

Reicher Leute Kinder und armer Leute Kinder werden am
besten gepflegt. (Mrk.)

Arme dagegen haben schon genug zu thun, um der
Vorschrift des Franzosen nachzukommen:

Man muß Kinder bis zum siebenten Jahre vor Feuer und
Wasser hüten,

damit sich nicht einst der Spruch erfüllen könne:

Wenn das Kind ertrunken ist, deckt man den Brunnen zu, (d.) [1]

und haben dafür nur den Trost:

Reicher Leute Kinder gerathen selten wohl, (d.)

und:

Großes Geschlecht, Diebesbegierde. (esth.)

---

1) s. D. S. a. K. III, 27.

Waisen- und Stiefkinder.

Ist schon das Aufziehen der eignen Kinder so müh=
sam, daß der Deutsche frägt:

Wären Kinder nicht lieb, wer möchte sie ziehen?

um wie viel schwerer muß das fremder Kinder werden,
von denen es noch dazu heißt:

An and'rer Leute Kindern und fremden Hunden hat man das
Brod verloren, (b.)[1]

und:

Wer ein fremdes Kind erzieht, sammelt sich Kohlen im Busen.
(andl.)

Es ist daher nicht zu verwundern, wenn das Sprich=
wort das Loos der Waisen, Stiefkinder und unehelichen
Kinder nicht sehr beneidenswerth darstellt.

Allerdings sagt man in Deutschland:

Keine Mutter trägt einen Bastard,

und:

Ein Bastard bringt so groß Brod für einen Pfennig, als ein
Ehekind,

---

1) Erziehe nicht fremdes Kind, denn du weißt nicht, ob es wohl=
gerathen wird. (sp.)
Leg' ein fremdes Kind an deinen Busen, und es wird am
Ellbogen wieder herauskriechen. (engl.)

aber dennoch ist ein großer Unterschied zwischen einem
Kinde, auf welches sich der Spruch anwenden läßt:

Das ehelich geborne Kind behält seines Vaters Heerschild, (b.)

und einem Kinde, das man mit den Redensarten bezeichnet:

Es ist in den Nesseln geboren; (cz.)

Es ist von der Bank gefallen, (cz., b.)[1])

und:

Sein Vater ist im Häcksel ertrunken. (Mrk.)[2])

Die Czechen nennen dasselbe:

Ein Kind von der linken Seite;

Ein Kind aus grünem Blute,

oder:

Einen Brennneßler (Linkseitler),

und die alten Römer hatten den Ausdruck:

Es hält sich an die Mutter wie an die Ziege,

indem es zwar

eine Mutter vom guten Jahr, (cz.)

aber

nicht die Väter gezählt (cz.)

hat, und die Mutter nach der Redeweise der Ragusäer

eine Sünderin

war.

Die Hebräer versichern:

Geld macht die Bastarde rein,

und die Spanier behaupten:

In Kastilien trägt das Pferd den Sattel,

---

1) Der ist von der Karre gefallen. (Mrk.)
2) Sein Vater hat sich in der Buttermilch ersäuft. (cz.)

weil sie in ihrem Abelsstolze annehmen, daß es bei Kindern nicht auf den Stand der Mutter, sondern nur auf den des Vaters ankomme, um die unehelichen Kinder ebenso edel wie die ehelichen zu erzeugen.

Bei den Esthen dagegen heißt es:

Ein geehrtes Kind weint auf dem Ofen, ein H—kind hinter der Pforte,

um anzudeuten, daß man nicht darauf achtet, und die Deutschen rufen deshalb mitleidsvoll aus:

Findelkinder, arme Kinder!

sind aber trotzdem entschieden gegen die Töchter öffent= licher Mädchen. Denn obgleich sie zugestehen:

Auch eine H . . . hat oft ein fromm Kind,

oder:

Es ist keine H . . . so bös, sie zöge gern ein fromm Kind,

so glauben sie doch:

Was von H . . . . geboren,
Ist zu H . . . . erkoren;

Was von H . . . . säuget,
Das ist zum H . . . . geneiget,

und:

Mutter eine H . .', Tochter ein H . . lein,

und sind nur neidisch darüber, daß man annimmt:

H . . . . kinder haben das beste Glück, (Hrz.)

und:

Die meisten Bastarde sind klug. (hbr.)

Nicht minder fürchtet man die Stiefkinder, weshalb man im Oberharze sagt:

Wer will leben ohne Pein, der hüte sich vor Stiefkindern und Winterschweinen,

4*

und die Stiefkinder selbst, welche nach der in der Picardie
üblichen Ausdrucksweise:

> Die Knochen ihrer Mutter essen,

d. h. bei der zweiten Hochzeit ihres Vaters sind, haben
viele Ungerechtigkeiten zu ertragen.

Denn:

> Der Wittwer findet leicht ein Weib, aber die Waisen finden
> schwer eine Mutter, (r.)[1]

und:

> Wer eine Stiefmutter hat, hat auch wohl 'nen Stiefvater. (b.)

Vergeblich predigt der Afrikaner:

> Wenn dein Kind dein Stiefkind betrügt, ist es nicht recht, und
> auch wenn dein Stiefkind dein Kind betrügt, ist es nicht
> recht;

es bleibt dabei:

> Der Leute Kinder sind nicht deine eigenen; (neg. engl.)

> Das bucklige eigene Kind gilt vor dem geraden Stiefkind; (bulg.)

> Die rechten Kinder bekommen süß Madeirachen, die Stiefkinder
> sauern Kwas, (r.)

und:

> Das Kind der Stiefmutter wird doppelt genährt. (p.)

Als Beispiel stiefmütterlicher Unparteilichkeit erzählen
die Serben:

> Eine Frau, welche drei Stiefkinder und ein eigenes Kind hatte,
> vertheilte Kuchen unter sie, indem sie sprach: „Hier habt
> ihr Dreie jedes einen Kuchen: da ich aber meinem Kinde
> keinen gegeben habe, so gebt ihm jetzt aus brüderlicher
> Liebe jedes die Hälfte,"

---

1) Der Vater bekommt wohl ein Weib, aber die Kinder bekommen
keine Mutter. (esth.)

und erinnern deshalb bei ähnlichen Gelegenheiten mit den Worten an diese Geschichte:

> Der Milutina die Hälfte.

Auch in den baskischen Provinzen ruft das Stieffind seiner Mutter zu:

> Stiefmutter, sag' mir: da hast du, und nicht: willst du?

und im Oriente gilt nur die Waise für noch unglück= licher, als das Stieffind. Denn:

> Die Waise schneidet selbst seine Nabelschnur ab (d. h. muß Alles selbst thun), (tü.)

und:

> Am Kopfe der Waise macht der Chirurg Versuche. (al. ar.)[1]

Die Esthen erklären zwar:

> Wer eine Waise schlägt, dessen Hände und Füße schwinden,

bekennen aber gleichwohl:

> Selten wird ein armes (d. h. verwaistes) Kind roth, doch wird es nicht gelitten,

und die Finnen fragen mitleidig:

> Wer giebt Kringel einer Waisen?
> Wer den Methkrug dem Verlass'nen?[2]

indem sie wehmüthig ausrufen:

> Habe Augen wie die Schwalbe,
> Habe Ohren wie das Häslein,
> Sanftmuth wie ein Turteltäubchen,
> Raschheit wie das flinke Rennthier,
> Arme Waise! deiner falschen
> Mutter wirst du nicht genügen,
> Immerbar wird sie dich schelten,
> Werthlos wird sie stets dich heißen.

---

1) Er lernt das Schröpfen an den Köpfen der Waisen. (äg. ar.)
 - An armer Leute Bart lernt der Junge scheeren. (b.)
2) Wer giebt einem armen Kinde Kringeln? (lett.)

Junge Kinder.

.

Was sind junge Kinder?

Wie die Franzosen die Kinder bis zum fünften oder sechsten Jahre „kleine Kinder" nennen, so bezeichnen sie die Kinder, welche älter sind, mit dem Namen:

Jeunes enfants,

oder:

Junge Kinder,

und diese sind es vorzugsweise, welche dem Litauer die Klage abnöthigen:

Zu Hause hat man seine Noth mit den Kindern, in der Stadt mit den Bettlern.

Denn wenn man auch in England ausruft:

Wehe dem Hause, wo nicht getobt wird!

und wenn man auch weiß:

Bei den Kinderspielen ist's Schreien das Beste, (plattd.)

so treiben es die Kinder doch oft so arg, daß der Litauer grämlich spricht:

Unsere Kinder sind unsere Plagen,

und auch der Deutsche bekennt:

Viel Kinder, viel Vaterunser; viel Vaterunser, viel Aerger.

Schon:

Ein Kind wie eine Maus
Macht einen Haber wie ein Haus; (d.)

um wie viel mehr hat man zu thun mit

Kindern wie die Orgelpfeifen, (d.)

von denen es heißt:

Wenn das eine Kind Zähne bekommt, bekommt das andere Hände! (dä.)

Bald steht das eine eigensinnig im Winkel und schluchzt, daß man sagen kann:

Das Kind hat einen Bock; (d.)

bald frägt das andere so viel, daß der Vater oder die Mutter zuletzt verdrießlich antwortet:

Heute essen wir Kinderfragen, (d.)[1]

oder:

Du frägst noch der Kuh das Kalb ab, (d.)[2]

während ein drittes, älteres Mädchen mit Entsetzen be= merkt, daß ein jüngerer Bruder vergnüglich auf der Straße herumläuft, obwohl ihm

ein Miethszettel (Berl.)

anhängt, d. h. das Hemd aus den Hosen herausguckt, und zugleich ein größerer Knabe seinen etwas kleineren Bruder aus brüderlicher Liebe einen praktischen Unter= weis im Rechnen ertheilt, indem er:

Mit Fünf in die Zehn (Zähne) dividirt, (Berl.)

oder ihm

einen Fünfthalerschein zu wechseln giebt, (Berl.)[3]

d. h. eine Ohrfeige verabfolgt.

---

1) Kinderfrage, alte Leute wissen es wohl. (plattd.)
2) So fragt man dem Bauer die Kunst ab. (Hrz.)
   So lernt man den Bauern die Künste ab. (d.)
3) Een haberdas (ein Hastdu). (h.)

Ruft aber der Vater einen Sohn vom Spiele weg, um ihn gesprächsweis zu belehren, so ist derselbe:

Unruhig wie ein Klystier, (prov.)

und antwortet so albern, daß der Vater jeden Augen=blick ausrufen könnte:

Anton, wo ist deine Flöte! (lett.)

oder:

Verstand, komm zu Hause, (lett.)

und will er ihn nun gar zu einer Besorgung benutzen, so kann er nur dreist dem Rathe des Deutschen folgen:

Gieb dem Buben einen Dreier und thu' es selbst.[1]

Indessen, es ist nun einmal nicht anders:

Es hat noch nie ein gut Jungen= und Hunde=Jahr gegeben; (b.)

Handkind ist nicht bei der Arbeit; (E.)

Knaben wollen Spielzeug haben; (engl.)

Wenn Kinder und Narren zu Markte gehen, lösen die Krämer Geld, (b.)

und:

Ein Kind ist ein Kind, und wär's der Sohn des Propheten. (pers.)[2]

Ein Knabe zählt Dinge, zählt nicht Sand; (E.)[3]

Nicht wachsen groß die Kinder, ohne sich zu schlagen; (p.)[4]

---

1) Wenn du einen Knaben wegen einer nothwendigen Sache wegschickst, so gehe nach ihm. (ar.)
   Zeige ein Kind in der Stadt zurecht und gehe selbst hinterher. (bä.)
2) Kinder sind Kinder. (isl.)
   Kinder sind immer Kinder. (b.)
   Ein Knabe ist ein Knabe, und wenn er den Propheten ange=redet hätte. (ar.)
3) Ein Knabe zählt Kauris (d. h. Muscheln, die als Geld dienen), zählt nicht die Sterne. (E.)
4) Kein Kind ward groß ohne Beulen. (Hrz.)

Das Kind beschmutzt sich und reißt Löcher, die Mutter näht und wäscht; (cz.)

Jung und weise sitzen nicht auf einem Stuhle; (b.)

Durch vieles Fallen lernen die Kinder laufen, (ar.)

und:

> Drei Dinge sind nicht zu ermüden: ein Knab' auf der Gassen, ein Mädchen beim Tanz, ein Pfaff' im Opfer. (b.)

Es heißt sogar:

> Kindern ziemen kindische Geberden, (b.)

und:

> Wenn sich ein Junge und ein Hund begegnen, und der Junge nicht schmeißt, und der Hund nicht beißt, dann taugen sie alle Beide nichts, (Mrk.)

denn:

> Was nicht Kind, wird nimmer Kind, (b.)

und:

> Ohne Zicklein giebt es keine Böcke. (hbr.)

Sieht man daher:

> Wo der tiefste Koth ist, da gehen die Kinder hinein, (esth.)

oder erfährt man die Wahrheit des venetianischen Spruches:

> Kinder und Narren suchen das Uebel, wie die Aerzte,

so muß man daran denken:

> Wir sind auch Kinder gewesen! (b.)

und sich damit trösten:

> Narren und Kinder haben einen Schutzengel, der sie behütet. (v.)

Bleibt ein Kind zu lange aus, oder ist es nicht dort, wo die Eltern es glaubten, so beten zwar die Serben in großer Besorgniß:

> Gott, laß dem Kinde nicht das geschehen, was Vater und Mutter fürchten!

aber die Bergamasker beruhigen die Eltern mit den Worten:

Dinger, welche essen, verlieren sich nicht,[1])

und die Finnen versichern ebenfalls:

> Zieht das ernste Wort der Stute
> Nicht zurück zum Stall das Füllen,
> Zieht das Euter wohl der Stute
> In den Stall zurück das Füllen.

Kinder sind nämlich ihres Hungers wegen verrufen, und wie man behauptet:

Hunde, Hühner und Kinder beschmutzen Alles, (b., t.)

so versichert man auch:

Kinder, Schweine und Hühner sind nie satt. (i.)[2])

Die Toscaner sprechen scherzend:

Vögelchen, dem der Schwanz wächst, macht jeden Augenblick den Schnabel auf;

die Perser haben die Redensart:

Seine Mühle ist stets im Gang,

d. h. er ißt stets, und die Mailänder spotten:

Söhne machen den Mund früher auf, als die Augen,

d. h. möchten auch im Schlafe essen.

Deshalb erklären die Spanier gleich den Italienern:

Wenn der Knabe wächst, hat er den Wolf im Magen,

indem sie noch hinzusetzen:

Knabe von funfzehn Jahren hat einen Schlund, aber keine Hände.

Da sich aber Kinder, welche Fleisch verlangen, nicht damit abspeisen lassen, daß man ihnen sagt:

---

1) Nicht war ein Hund, der nicht in sein Haus zurückkam. (sic.)
2) D' Kindar und b' Fakeln (Ferkel) habm allawal (jeder Zeit) lare (leere) Sackeln. (bair.)

Fass' an deine Nase, (Berl.)

und sehr ungern dem Befehle folgen:

Knab', iß Käs', die Butter ist theuer! (d.)

indem es mit Recht heißt:

Jugend fragt nicht, was das Brod gilt, (d.)

so warnt der Neugrieche die Eltern, die Kinder soviel essen zu lassen, wie sie verlangen, indem er ausruft:

Des Kindes Bauch ist ein Korb, und der ist thöricht, der ihm giebt!

Wären alle Kinder Bäckerskinder, bedürfte es nicht erst des Verweigerns, sondern es würde genügen, dem Rathe des Esthen zu folgen:

Biete den Kindern des Bäckers Weißbrod an.[1]

Da das aber nicht der Fall ist, müssen die Eltern die Kinder an den Spruch erinnern:

Kinder müssen nicht jeden Mus kosten wollen, (Hrz.)

müssen ihrerseits als Grundsatz festhalten:

Man soll kein Kind vor dem andern auszeichnen; (hbr.)

Was du deinen eigenen Kindern nicht willst zu essen geben, mußt du nicht den Kindern deines Freundes geben, (neg. engl.)

und:

Dem Türken und dem kleinen Kinde versprich entweder nichts, oder gieb's ihm, (Hrzgw.)

und müssen mit Ernst den Kindern wehren, ihre Eß= begierde zu befriedigen, obgleich es heißt:

Kein Vater kann seinen Sohn schelten. (d.)

Zum Glück hat der Deutsche Recht, wenn er meint:

---

1) Man muß Bäckerskindern keine Stutten geben. (d.)

Kindeshand ist bald gefüllt,
Kindeszorn ist bald gestillt, [1]

und:

Es ist ein Weniges, das die Kinder freut.

Gleichwohl ist es nicht minder wahr:

Reicht man dem Kinde den Finger, will es die ganze Hand,
(Eif.) [2]

und Nichts ist häufiger, als daß die Kinder voll von
Anmaßung und Eigendünkel sehr bald weiter gehen, als
sie sollen.

Der Adler sagt zwar nicht vom Raben: Mein Sohn! Aber der
Rabe sagt vom Adler: Mein Vater! (bulg.)

Wenn du mit Negerkindern Kaffee trinkst, und sie begegnen
dir nachher auf der Straße, so nennen sie dich Kaffeepapa,
(neg. engl.)

und nur:

Des Armen Sohn brüstet sich nicht. (E.)

Darum spricht der Lette:

Rühme dich nicht, Kätzlein, dein Vater war ein Mausfänger!

der Afrikaner giebt den guten Rath:

Wenn du ein Knabe bist, verspotte nicht die Kleinen!

und der Holländer warnt:

Man muß nicht aus dem Neste fliegen wollen, ehe man Federn
in den Flügeln hat. [3]

Aber dessenungeachtet hört man nicht blos stündlich,
wie Der oder Jener, welchen die Vlamingen mit der
Redensart bezeichnen:

---

1) Kindeshand hebt leicht. (b.)
2) s. D. S. a. K. III, 93.
3) Erwirb Flügel, dann fliege! (Pic.)

Es ist Peterchen der Erste,

das russische Sprichwort:

> Die Eier lehren die Henne nicht,[1]

ganz unbeachtet läßt, und in dem Rufe steht:

> Er will seinem Vater lehren Kinder machen, (b.)

obschon es heißt:

> Junge Leute sollen bei den Alten
> Die Ohren aufthun und die Mäuler halten,[2]

sondern man macht auch tagtäglich die traurige Erfah=
rung, wie Recht man hat, zu versichern:

> Die Jungen essen die Aepfel, und den Alten werden die Back=
> zähne stumpf, (alb.)[3]

oder:

> Das Kind thut den Schaden, und der Vater muß bezahlen. (lit.)

Allerdings bestimmt man in Afrika weise:

> Wenn ein Knabe neun böse Streiche verübt, soll er fünf davon
> büßen,

der Vater aber vier, weil er ihn nicht besser erzogen
hat, und nicht selten heißt es auch:

> Was die Alten sündigten, das büßen oft die Jungen, (b.)

oder:

> Oft essen die Eltern Holzäpfel, davon den Kindern die Zähne
> stumpf werden; (b.)

indessen bleibt es dennoch wahr:

---

1) s. D. S. a. K. III, 61.
2) Es soll kein Junger reden, man niese denn, so soll er sagen:
   Gott helf'! (b.)
   Ein wohlerzogener Junge spricht nicht von selbst und schweigt
   nicht gefragt. (sp.)
3) Die Kinder essen die Aepfel, und der Eltern Zähne werden
   scharf. (ngr.)

Das Kind ist seinem Vater ein saurer Apfel. (lett.)

Denn wenn man auch sagt:

Aus einem kleinen Kern kann ein großer Baum werden, (bä.)

so muß man doch zugeben:

Der Baum ist bald gepflanzt, aber man ißt nicht bald Früchte von ihm; (r.) [1])

Gute Kinder, ein schönes Gut; schlimme Kinder aber Ver= wirrung im Hause, (cz.) [2])

und:

Schlimme Kinder lassen keine Freude zu. (r.)

Darum behaupten die Czechen:

Wenn nicht Kinder wären, gäb' es keine Thränen,

und die Russen rufen aus:

Glücklich die Kinder, an denen Vater und Mutter Freude haben werden!

Aber dazu ist ein Hauptbedingniß:

---

1) Großer Baum wächst langsam. (ruth.)
2) Gute Kinder, eine Krone; aber schlimme, das Ende. (g.)

Die Erziehung.

Haſt du verſtanden, Kinder zu zeugen, ſo verſtehe auch, ſie zu belehren, [1])

ſpricht der Ruſſe, indem er den Rath hinzufügt:

Wem Gott Söhne gab, der belehre ſie und züchtige ſie.

Denn nur in Litauen und Polen heißt es:

Die Kinder wachſen wie im Wald die Bäume, (lit.)

oder:

Stadtkinder (wachſen auf) wie die Ferkel, Edelmannskinder wie die jungen Wölfe, (p.)

und der Holländer allein geſtattet als Ausnahmefall:

Er wächſt in Schönheit auf, wie die jungen Affen;

überall anderswo behauptet man:

Wer keine Erziehung hat, gleicht einem Körper ohne Seele; (hb.)

Die Erziehung giebt dem Manne Bildung, die Natur giebt ihm Talent, (perſ.)

und:

Geburt iſt viel, aber Erziehung noch mehr. [2])

Daher ſagt man auch:

---

1) Nicht blos erzeugen, ſondern auch leiten. (cz.)
  Haſt du Kinder, ſo ziehe ſie. (b.)
2) Geburt iſt etwas, Bildung mehr. (b.)

Beſſer keine Kinder haben, als ſie ſchlecht erziehen; (cz.)

Beſſer nicht geboren, als nicht erzogen, (engl.)

und:

Der Vater, welcher ſeine Kinder nicht gut erzieht, iſt ein Barbar, der ſie in der Wiege erſtickt. (or.)

Selbſt:

Das beſte Pferd muß gezähmt, und das begabteſte Kind muß belehrt werden, (engl.)

und obgleich man annehmen kann:

Eine fromme Nonne wird auch ihre Kinder in der Frömmig-keit unterweiſen, (r.)

ſo hält es der Ruſſe doch nicht für überflüſſig, zu beten:

Laß Gott den, welcher Kinder bekommt, ſie auch erziehen!

um ſo mehr, weil der Deutſche die Anſicht hat:

(Nur) fremde Kinder werden wohl erzogen.

Es iſt nicht leicht:

Die Jugend iſt wild, ſagte die Frau, da war ihr 's Kind aus der Kiepe gefallen, (Mrk.)

und mancher Knabe, welcher

ſo unſchuldig, wie ein zweijähriger Teufel (engl.)

ausſieht,

hat's fauſtdick hinter den Ohren, (d.)

und ein vollkommenes Anrecht darauf, in Berlin

ein Mottenkopf,

in Perſien

ein gefühltes Pferd

genannt zu werden.

Alle Ermahnungen bleiben fruchtlos, er ſcheint zwar:

Betrübt, wie ein Lohgerber, dem die Felle weggeſchwommen ſind, (d.)

aber:

Er hat ein Gewissen, wie ein Scheunenthor, (d.) [1])

und:

Er bessert sich, wie ein junger Wolf. (d.)

Wiederholentlich ruft der Vater verzweiflungsvoll aus:

Du bist ein Strick! ein ungezogener Schlingel!

oder:

An dir ist Taufe und Chrisam (d. h. Chrisma) verloren! (d.)

und mehr als ein Mal erinnert er ihn an die Worte des Afrikaners:

Wenn ein Kind seinen Eltern nicht gehorcht, wird's unge= salzene Speise essen,

oder an die des Litauers:

Du wirst dem Hundsfell gehorchen müssen, wenn du mir nicht gehorchen willst! [2])

eine Drohung, welche der Franzose noch verschärft, in= dem er spricht:

Wer es verachtet, seinen Eltern zu folgen, wird zuletzt noch an den Galgen kommen. [3])

Denn, leider:

Nach dem Lande der Taugenichtse giebt's viele Wegweiser; (lett.)

---

1) Mancher hat ein weites Gewissen wie Franziskanerärmel. (d.) s. auch D. S. a. K. I, 46.

2) Wer den Eltern nicht gehorchen will, wird dem Kalbsfell folgen. (sl., esth., lett.)

Wer nicht den Eltern folgen will, muß dem Kalbsfell folgen. (bä.)

Wer dem Vater nicht folgen will, der folge dem Kalbsfell. (d.)

Wer seinem Vater nicht gehorchen will, muß seinem Stief= vater gehorchen. (d.)

3) Wer den Eltern nicht folgen will, muß endlich dem Büttel folgen. (d.)

Was Vater und Mutter nicht ziehen kann, das ziehe der Henker. (d.)

Wer dem Vater nicht folgt, wird dem Henker folgen. (flr.)

Wer jung nichts taugt, bleibt auch alt ein Taugenichts, (d.)

und:

Wer in der Jugend Vogelnester zerstört, zündet im Alter
Dörfer (Städte) an. (dä.)

Indessen heißt es auch oft:

Ein wilder Junge giebt einen derben Mann, (plattd.)

oder:

Die rotzigsten Jungen werden die besten Kerle; (Hrz.)

Ein ausgelassenes Fohlen kann ein gutes Pferd werden, (engl.)[1])

und:

> Jugend wild,
> Alter mild. (d.)[2])

Es ist sogar nicht gut, wenn Kinder sehr still sind:

Wenn Kinder ruhig sind, schlimmes Zeichen, (l.)

weil sie dann entweder krank sind, oder, nach der Mei=
nung der Engländer:

Wenn Kinder ruhig sind, haben sie irgend einen Streich gespielt,

ein schlechtes Gewissen haben, und allgemein herrscht
die Ansicht:

Die Jugend muß sich austoben, (d.)[3])

und:

Kinder Engel, erwachsen Teufel, (t.)[4])

oder:

---

1) Jedes Pferd will seine Halfter zerreißen: Wenn es sie nicht
   als Fohlen zerreißt, zerreißt es sie im Alter. (corf.)
2) Thöricht in der Jugend, weise im Alter. (m.)
   Thörichte Söhne, vernünftige Männer. (t.)
3) Man muß der Kalbzeit ihr Recht lassen. (d.)
4) Kinder Engel, junge Leute Teufel. (b.)
   Gutes Gänschen, böse Gans. (it.)

Junger Engel, alter Teufel. (d.)[1]

Deshalb spricht der Friese:

Das ist ein schlechtes Fohlen, das nicht einen Schwengel zer=
schlagen hat;

der Deutsche sagt beschönigend:

Jungens sind Jungens und Flegel zugleich,

und der französische Schweizer versichert:

Besser zu sagen: Stille! als: Faulpelz!

Sehr natürlich. Was soll man mit einem Knaben an=
fangen, von welchem der Perser ausruft:

Das ist ein fauler Junge, der am Fuß des Dattelbaumes sitzt
(Hunger hat, und nicht hinaufsteigt, um sich Datteln zu
pflücken)![2]

und welcher dem Litauer auf dessen Anrede:

Da, Faulpelz. hast du ein Ei,

die klassische Frage thut:

Ist's aber auch geschält?

Nichts, als ihn den Spruch erfüllen lassen:

Faule Jugend, lausig Alter, (Hrz.)

indem es heißt:

Der Faulenz und das Lüberli
Sind zwei Zwillings=Brüderli. (schwei.)

Bei einem Jungen dagegen,

welcher zwar kein Sitzfleisch hat, (d.)

aber

ein heller Kopf, (d.)

1) Jung ein Engel, alt ein Teufel. (d.)
   Ein Engel jung wird teuflisch im Alter. (lat.)
   Ein junger Heiliger, ein alter Teufel. (engl.)
   Gut in der Jugend, schlimm im Alter. (d.)
2) Einer, welcher am Fuß einer Pappel sitzt. (perf.)

oder

nicht auf den Kopf gefallen (d.)

ist, kann man sich mit den Worten trösten:

Jugend
Hat nicht allzeit Tugend, (d.)

und hoffen, daß es besser werde, wenn er

die Knabenschuhe (Kinderschuhe) ausgetreten, (d.)[1])

weil man im Harz behauptet:

Es muß ein Jeder ein Paar Narrenschuh' entzweitreten, wo
nicht mehr.

Nur darf man nicht zu nachsichtig sein und die Kinder
nicht verziehen.

Weichliche Erziehung macht die Kinder träge, harte macht sie
kräftig und gesund,

sagt der Pole;

Ein Kind kann zu viel von seiner Mutter Segen haben,

der Engländer, und der Deutsche behauptet:

Kinder und Narren lassen sich nicht lieben,

und:

Wer die Kinder verzärtelt, setzt sie in's leichte Schiff.

Aehnlich heißt es in Italien:

Wer seinen Sohn zu sehr liebkost, wird keine Freude davon
haben; (t.)

Wer zu zärtlich gegen den Sohn ist, wird's bald bereuen, (b.)

und:

Die Söhne, welche man zu sehr verwöhnt, werden an Schlim=
mes gewöhnt, (v.)

denn:

---

1) Die Nüsse lassen. (lat.)

Gewöhnt man die Söhne lecker, werden sie Diebe, (b.)[1]

und:

Ein zärtlich erzogenes Kind kommt oft jämmerlich um. (ba.)

Deshalb räth auch der Brescianer:

Erziehe deine Söhne als arm, wenn du sie reich und geschätzt haben willst,

und der Litauer warnt:

Verziehe nicht die Kinder; mit der Ruthe wirst du sie nicht auf den Kirchhof treiben, mit Kuchen wirst du sie nicht heimrufen.

Sehr treffend bezeichnet der Esthe ein verzärteltes Kind mit den Worten:

Du bist lauter Milchfinger,

während der Lette dafür die Redensart anwendet:

In einer Tonne erzogen und durch's Loch gespeiset.

Der Franzose nennt es:

Enfant gâté (verdorbenes Kind);[2]

der Holländer:

Ein Weißbrodkind,

und der Neugrieche spricht spottend:

Im Mai mit Pelz, und im August mit Mantel.

Der Deutsche kennt keinen vernichtenderen Ausdruck, als den Ausruf:

Er ist wie eine Kindbetterin,

indem diese bekanntlich so in Acht genommen werden

---

1) Ein zu lecker gewöhntes Kind wird Müßiggänger, wenn es erwachsen ist. (ba.)
2) Ein Pole übersetzte daher die Worte: „Ihr Kind ist etwas verwöhnt“: Votre enfant est un peu pourri, verfault, statt: gâté.

muß, daß man eine leichtverdauliche Speise mit den Worten anempfiehlt:

Eine Kindbetterin dürft' es essen,

und der Isländer versichert seinerseits:

Nichts ist unbeholfener, als ein lahmer Bär, ein leckes Schiff, und ein Bursche, der nie hinter dem Ofen hervorgekommen ist.

Man kann es daher dem Deutschen nicht verdenken, wenn er erklärt:

Lieber ungezogen Kind, als verzogen Kind,

obgleich es heißt:

Ungezogene Kinder
Geh'n zu Werk wie Rinder, (d.)

und wenn er namentlich bei einzigen Söhnen, von denen er selbst zugesteht:

Einzig Kind, liebes Kind,

oder:

Einziger Sohn, liebes Kind,

Furcht hat, sie könnten

ein theures Gewürz, (nor.)

d. h. Muttersöhnchen werden, und das Sprichwort des Venetianers wahr machen:

Wer nur ein Schwein hat, macht es fett, und wer nur einen Sohn hat, macht ihn zum Narren.

Auch der Franzose meint:

Ein zu sanfter und barmherziger Vater macht die Kinder unglücklich; [1]

der Lette warnt sogar vor zu großer Vertraulichkeit mit den Kindern, indem er sagt:

---

[1] s. D. F. i. S., 108.

Spaßt der Vater mit dem Sohne, so spielt der Sohn mit
dem Vater,

und der Türke befürchtet in diesem Falle, es werde einst
heißen:

Die Hunde spotten des alternden Wolfes,

denn:

Der Knabe, welcher sich einst an meinen Rock hielt, faßte mich
später am Kragen. (pers.) ¹)

Um dies zu verhüten, und die Kinder so zu erziehen,
daß auf sie später der Spruch passe:

Wohlgerathene Kinder, des Alters Stab,

oder:

Ein gut erzogen Kind ist eine Rechnung ohne Probe, (d.) ²)

giebt man allgemein als Hauptvorschriften an, die Er=
ziehung früh zu beginnen, mit Strenge durchzuführen,
und durch gutes Beispiel den Erfolg derselben zu sichern.

---

1) Wie es ein Hündchen war, erzog ich ihn, und als er ein
   Hund geworden war, biß er mich. (ar.)
2) Wohl erzogen
   Hat selten gelogen. (d.)

Angewöhnung.

Es ist ein bekannter Grundsatz:

Den Baum muß man biegen, weil er jung ist, (d., engl., it.)

oder:

So lange die Pflanze noch zart ist, muß man sie ziehen, (it.)

denn:

Ein junger Zweig nimmt alle Biegungen an, die man ihm giebt; (chin.) [1]

Den jungen Baum biegst du leicht gerade, (p.) [2]

oder:

So lange der Baum jung ist, kannst du ihn biegen, wohin du willst; (f.)

Wohin du den Baum biegst, dahin wächst er,

und:

Wie der Baum großwächst, so steht er. (cz.)

Aber:

Biegst du nicht das dünne Stäbchen, wirst du das dicke nicht biegen, (cz.) [3]

indem es mit Recht heißt:

---

1) Einen jungen Zweig biegt man, wohin man will. (d.)
2) Jung muß man den Baum gerade biegen. (fr.)
3) So lange die Ruthe dünn ist, muß man sie gerade biegen. (f.)

Der ausgewachsene Zweig läßt sich nicht biegen; (p.)[1]

Wenn der Baum eine schlechte Biegung angenommen hat, ist es schwer, ihn wieder gerade zu biegen, (it.)

und:

Alte Bäume lassen sich nicht biegen, noch verpflanzen. (h.)

Dieselbe Erfahrung hat man an den Thieren gemacht:

Einen alten Hund kann man nicht an die Kette gewöhnen; (lat.)[2]

Ein altes Pferd läßt sich nicht mehr lenken, (fr.)

und:

Je älter der Kater, je unbiegsamer (p.: je härter) ist sein Schweif; (cz.)

aber:

Junges Böglein,
Weiches Schnäblein. (b.)[3]

Darum räth man:

Drehe die Ruthe, wenn sie schwach ist; gehe nicht, sie zu drehen, wenn sie groß gewachsen, (esth.)

und:

In der Jugend lege deinem Pferde einen Zaum an, und ge-wöhne das Kameel an's Lasttragen, (or.)

und behauptet:

Jung gebogen,
Alt erzogen. (b.)[4]

Denn:

---

1) Altes Holz läßt sich nicht mehr biegen. (fro.)
   Alte Bäume sind bös biegen. (b.)
2) Einen alten Hund gewöhnt man schwer an die Kette. (r.)
   Es ist schwer, alte Hunde an die Kette zu legen. (h.)
   Ein alter Hund kommt nicht an die Kette. (cz.)
   Alte Hunde sind bös ziehen. (b.)
3) Junge Vögel haben weiche Schnäbel. (bä.)
4) Jung strafen oder alt hängen. (prov.)

Gewohnheit ist die andere Natur, (d., lat.)[1]

unb:

Jung gewohnt, alt gethan. (d.)[2]

Klein gedacht,
Alt vollbracht. (Hrz.)

Wer jung anbeißt, läßt selten mehr davon. (d.)

Wer getrunken hat, wird trinken. (frz.)

Junger Dieb, alter Galgenschwengel. (d.)

Wie jung sie spann,
Hat alt sie an. (plattd.)

Womit man das neue Gefäß füllt, danach riecht es stets.
(s., g. ä. sp.)

Wovon der Topf beim ersten Mal angezogen hat, danach
riecht er, bis er zerbricht. (cz.)[3]

Was der neue Topf in sich faßt, danach riecht er noch alt, (lat.)

unb:

Was einmal die Scherbe eingesogen, das wäscht man lange
nachher nicht wieder heraus. (p.)

Deshalb ist es gut, wenn man die Kinder

von Kindesbeinen an (d.)

zum Guten anhält:

Wie man die Kinder gewöhnt, so hat man sie, (d.)

unb:

---

1) Gewohnheit ist eine zweite (v.: andere) Natur. (engl.)
   Die Gewohnheit wird Natur. (ma.)
   Die Gewohnheit verwandelt sich in Natur. (it.)
2) Jung gewohnt, alt geübt. (ma.)
3) Womit man den neuen Topf füllt, danach duftet er immer. (s.)
   Dem neuen Gefäß bleibt der Geruch von dem, was man
   hineingethan. (sp.)
   Der neue Topf behält den ersten Geruch. (ma.)
   Den Geruch, welchen der Topf neu ein Mal angenommen
   hat, wird er lange behalten. (lat.)

Wo's Kind gewöhnt ward,
So schlägt's in die Art. (b.)

Die Russen sagen sogar:

Wie in der Wiege, so im Grab,[1]

und in Böhmen spricht man:

Woran Jemand von Jugend auf gewöhnt, das klebt ihm auch
im Alter an;[2]

Wer sich nicht an die Tugend gewöhnt, so lange er jung ist,
kann nicht von Lastern ablassen, wenn er alt wird; (lat.)[3]

Gewohnheit wächst mit den Jahren,

und:

Gewohn's, so kommt's dich nicht hart an; (b.)

Wer gewöhnt ist, auf Holz zu liegen, dem scheint ein Stroh-
bett Daun, (b.)

und darum heißt es auch:

Gewohn's, Miez (Mudel), gewohn's! sprach der Bäcker, und
kehrte mit der Katze den Ofen aus, (b.)

und:

Was die Gewohnheit nicht thut! sagte der Schneider, da stahl
er ein Stück von seinen eigenen Hosen. (wstph.)

---

1) Was die Wiege angewiegt, das begrub das Grab. (f.)
   Was man mit der Milch einsaugt, bleibt im Grabtuch. (sp.)
2) Was sich Einer in der Jugend angewöhnt, das behält er auch
   in seinen alten Tagen. (lf.)
3) Wer nicht der Tugend in der Jugend folgt, wird im Alter
   nicht das Laster fliehen können. (it.)

Kinderzucht.

Obgleich die Spanier meinen:

Kindern und Dienern muß man schönthun, wenn man sich
an ihnen freuen will,

indem man weiß:

Wenn man Kindern ihren Willen thut, schreien sie nicht, (d.) [1])

und:

Wenn das Kind erlangt, warum es weint, so weint es nicht
mehr, (esth.)

so heißt es doch:

Strenge schadet nicht dem Kinde,
Nicht verdirbt das Huhn im Feuer; (fin.)

Wird der Lehm nicht geschlagen, so wird kein Topf daraus, (agr.)

und:

Ein Kind, das ohne Furcht aufwächst, stirbt ehrlos. (esth.)

Denn:

Wo keine Zucht (Strafe), keine Furcht; (cz.) [2])

Wo keine Furcht, auch keine Scham, (s.)

---

1) Wenn man den Kindern ihren Willen thut, so weinen sie
nicht. (dä.)
2) Wo keine Zucht ist, ist keine Ehre. (b.)
Kleine Strafe, kleine Furcht. (cz.)
Wer ohne Zucht aufwächst, wird alt ohne Furcht. (cz.)

und:

Wo keine Scham ist, ist auch keine Tugend. (d.)

Aber:

Wo Zucht, da Scham und Furcht; (cz.)

Wo Furcht, da auch Frömmigkeit, (r.) — (lat.: Scham),

und:

Wo Scham ist, da ist Ehre (ist Tugend). (d.)

Darum versichern die Deutschen:

Zucht ist junger Leute bester Schmuck;

Zucht ist das beste Heirathsgut,

und:

Je früher die Zucht,
Je besser die Frucht,

weil man annimmt:

Wie die Zucht,
So die Frucht,

und:

Die über den Kopf gewachsen sind, sind außer dem Zwange. (h.)

Auch die Slaven behaupten:

Die Nachgiebigkeit des Vaters verdirbt den Sohn; (p.)

Unangebunden tanzt der Bär nicht; (r.)

Predigt ohne Furcht, Speise ohne Salz; (cz.)

Gern springt aus dem Geleise das Pferd, das lange Zügel hat, (g.)

und:

Wenn du die Otter drückst, so zirpt sie, und wenn du sie los-
lässest, so pfeift sie, (bs.)

und fast überall rühmt man die wohlthätigen Wirkungen
der Ruthe:

Pferd ohne Zaum, Kind ohne Ruth'
Thun selten gut; [1])

Die Ruth'
Macht gut, [2])

oder:

Die Ruthe
Macht aus bösen Kindern gute; [3])

Der Kinder Wille steckt in der Ruthe,

und:

Schläge machen weise,

sagen die Deutschen;

Die Ruthe treibt die Kinder aus der Hölle; (cz.)

Klappmühlen mahlen schön; (cz.) [4])

Der Eichenstock lehrt arbeiten, die Birkenruthe giebt Ver=
stand, (p.) [5])

und:

Die Ruthe singt die Primicie, (kr.)

die Slaven; kurz:

Die Haselnußsalbe ist wunderthätig. (f.) [6])

---

1) Der Mensch ohne Karabatsche, wie das Pferd ohne Kantare. (oschl.)
2) Die liebe Ruthe
   Thut vieles Gute. (Hrz.)
   Du liebe Ruth',
   Wie thust du mir so gut! (b.)
   Zucht und gut Ruthchen führt Hänschen zum Guten. (cz.)
3) Die Ruth'
   Macht die Kinder gut. (Eif.)
   Die Ruthe macht fromme Kinder. (b.)
   Die dünne Ruthe macht gute Kinder. (cz.)
4) Geschliffenes Messer schneidet schön. (cz.)
5) Die birkene Lehre geht nicht in den Bauch, sondern in den
   Kopf. (klr.)
6) Wunderthätig ist die Salbe
   Von dem Zweig der blonden Birke. (fin.)

Das Kind im Sprichwort.   6

Ja, die Serben behaupten sogar:

Das Haselnußholz ist aus dem Paradies gekommen,[1])

und die Russen meinen geradezu:

Die Kinder begehren der Ruthe.

Die Türken scheinen besonders für harte Bestrafung der Töchter eingenommen zu sein, da sie sprechen:

Wer seine Töchter nicht schlägt, wird's an seinen Knieen fühlen,

d. h. einst vergeblich auf den Knieen vor ihnen liegen, und der Engländer ruft ironisch aus:

Spar' die Ruthe und verzieh' das Kind!

Es ist daher natürlich, daß es heißt:

Wer sehr liebt, straft gut, (prov.)[2])

oder:

Je lieber Kind, je schärfer die Ruthe, (d., bä., esth.)[3])

und:

Es ist besser, das Kind weine, als der Vater, (d.)[4])

---

1) Der Stock ist aus dem Paradies herabgestiegen,
oder:
    Der Stock ist aus dem Paradies gekommen: wer ihn schmeckt, wird getröstet werden. (malt.)
2) Wer gut liebt, straft gut. (frz.)
    Wen man liebt, den schlägt man auch. (r.)
    Der Vater züchtigt den Sohn, welchen er liebt. (lat.)
    Des Vaters Strafe ist die rechte Liebe. (d.)
    Wer gut liebt, züchtigt gut. (t.)
    Wer (ihnen) wohl will, straft sie gut. (m.)
    Wer seine Sprößlinge liebt, schont sie nicht vor der Peitsche. (ma.)
    Der gute Vater findet den Stock. (m.)
    Der Vater, welcher gut ist, wendet den Stock an. (v.)
    Wer den Stock spart, haßt die Söhne. (ma.)
    Wer straft, der liebt auch. (r.)
3) Je lieber der Sohn, je größer binde die Ruthe. (cz.)
4) Es ist besser, daß das Kind schreit, als Vater und Mutter. (h.)
    Es ist besser, daß der Sohn weine, als sein Vater. (m.)

um so mehr, wenn man bedenkt:

Kinder haben Weinen und Lachen in einer Tasche; (oschl.)

Das Kind sagt wohl, daß man's schlägt, aber nicht warum, (b.)

und:

Je mehr man das Kind bedauert, je mehr weint es. (dä.)

Nur räth der Spanier aus Gesundheitsrücksichten:

Das Maulthier und das Kind schlag' auf ben Hinteren, aber nicht auf den Kopf, noch sonst wohin,[1])

wogegen man es anderwärts den Eltern überläßt, zu schlagen, wohin sie wollen, indem man sich damit be= ruhigt:

Von liebender Hand thut's nicht so weh. (p.)

Während aber die Litauer versichern:

Des Vaters und der Mutter Hände sind weich,

behaupten die Czechen und Letten blos:

Mutterhand, auch wenn sie schlägt, ist weich,[2])

und die Finnen sprechen:

> Wollig ist der Mutter Ruthe,
> Schärfer geißelt die des Vaters,
> Blutig aber die des Fremden.

Gleichwohl kann die Ruthe allein nicht Alles thun.

Obschon der Walache versichert:

Es ist besser, daß die Söhne weinen, als der Vater. (b.)

Besser ist's, das Kind schreie, als die Mutter. (vl.)

Besser, daß die Kinder weinen, als die Eltern. (ma.)

Es ist besser sagen: Armer! zu mir, als: Arme! zu uns. (parm.)

Besser: wehe mir! als: wehe uns! (wal.)

Besser ein Leidender, als zwei. (frz.)

Es ist besser, die Kinder bitten dich, als du sie. (b.)

1) Kinner vun (von) Willen,
Sleit (schlägt) man vör den Billen (Hinteren). (Hrz.)

2) Wo die Mutter hinschlägt, da wächst's Fleisch. (wal.)

6 *

Die Hand über dem Hintern,
So kommt der Verstand den Kindern,

so sagt man doch:

Den Verstand schlägst du nicht in den Kopf, und die Tugend nähst du nicht an die Haut; (cz.)[1]

Schlägst du einen Teufel hinaus, so magst du wohl sieben hineinschlagen, (b.)[2]

und:

Nicht jede Züchtigung führt zum Besseren. (p.)

Ja, es heißt sogar:

Schlag' den Schlechten, so wird er schlechter; schlag' den Guten, so wird er besser; (frz., g. ä. it.)

Wer sich vor Worten nicht fürchtet, fürchtet sich auch nicht vor dem Stock, (s.)[3]

und:

Worte thun oft mehr, als Schläge. (b.)[4]

Der Slave räth daher:

Bessere die Kinder durch Scham, und nicht durch Schrecken und Stock; (r.)

Beschäme nicht der Herr die Diener, und der Vater den Sohn (vor Fremden), (p.)

und:

Wenn du den Sohn bessern willst, entehre ihn nicht; (s.)

in der Picardie versichert man:

Es ist noch immer besser, dein Kind rotzig lassen, als ihm die Nase abschneiden,

---

1) Du nähst nicht Verstand an die Haut. (r.)
2) Durch Schlagen gelingt es, einen Teufel auszutreiben, und zehn andere treibt man ein. (cz.)
3) Wer um gute Worte nichts giebt, bei dem helfen auch Schläge nicht. (b.)
4) Mit Worten richtet man mehr aus, als mit Händen. (b.)

und der Deutsche ist der Ansicht:

Die beste Zucht sind gute Worte und harte Strafe,

oder:

Kinder soll man ziehen, daß der Apfel bei der Ruthe liege,

indem er zwar annimmt:

Mancher heischt Schläge, wie ein Pferd Futter,

aber doch warnend spricht:

Williges Pferd soll man nicht spornen.[1]

Der Finne ist selbst der Meinung:

Hoch nicht wird der Vogel fliegen,
Dessen Flügel man beschnitten,

und in Schweden preist man das

frei und lustig Aufwachsen

der Kinder als das Höchste.

---

1) Den willigen Ochsen soll man nicht immer antreiben. (bä.)

Beispiel.

Nicht minder, wie Gewöhnung und Zucht, ist gutes Beispiel bei den Kindern nöthig. Denn:

Kinder sind wie die Affen, sie machen nach, was sie sehen, (wal.)

und allgemein heißt es:

Wie die Alten sungen,
So zwitschern die Jungen; [1]) (eur.)

Die jungen Nachtigallen lernen von den alten singen; (cz.)

Kukuk rufet stets der Kukuk,
Kukuk stets der Sohn des Kukuks; (fin.) [2])

Der (junge) Hahn kräht, wie er's vom alten gehört; (engl.)

Den Müttern nach pipen die Truthühner; (ma.)

Der junge Hund bellt, er hört es von den größeren Hunden; (r.)

Das Ferkel grunzt wie die alte Sau; (engl.)

Vom älteren Ochsen lernt der jüngere ackern, (lat.)

oder:

---

1) Wie die alten Vögel singen, so zwitschern ihnen die jungen nach. (cz.)
Wie die Alten sungen,
So pfeifen die Jungen. (Eif.)
2) Auch der junge Kukuk rufet
Kukuk, wie der alte Kukuk,
Und der alte Hahn, er krähet
Just nicht anders, als der junge. (fin.)

Die Färse lernt vom Ochsen; (it.)[1]

Das Kalb lernt von der Kuh; (b.)

Wackeln ist der alten Ente,
Wackeln ist der jungen Sitte, (fin.)

und:

Wie der alte Krebs geht, so lernt's auch der junge. (cz.)

Der Serbe hat daher ganz Recht, wenn er auf seine Frage:

Was thun die Kinder?

antwortet:

Was sie vom Vater sehen,[2]

und in China sagt man:

Das Bild eines Vaters ist für Fremde nur ein Gemälde; aber für den Sohn ist es ein Buch, welches ihm alle seine Pflichten lehrt, und ihn drängt, sie zu erfüllen.[3]

Denn:

Dem Vater folgen seine Kinder nach, (lat.)

weshalb der Deutsche spricht:

Den Vater kennt man an dem Kind,
Den Herrn an seinem Hausgesind',

und der Hebräer ausruft:

Heil dem, welcher seine Eltern in einem löblichen Berufe sieht; wehe dem, welcher seine Eltern in einem makelhaften Berufe sieht!

Aus demselben Grunde erklärt der Russe:

Spielzeug ist den Kindern kein Verderben, aber schlimmes Beispiel ist Verderben;

---

1) Vom Ochsen lernt der junge Ochs. (ma.)
2) Wie die Alten thun, so lernen es die Jungen von ihnen. (cz.)
   Die Kleinen lernen von den Großen. (it.)
3) Ihrer Eltern leuchtend Beispiel
   Ist der Kinder heil'ge Bibel. (fin.)

der Pole:

Das Leben des Alten lehrt den Jungen;

der Esthe:

Wie der Aeltere vorher, so das Kind hinterher,

und der Czeche:

Das Beispiel ist ein großer Redner.

Ja:

Das Beispiel ist besser als Lehre; handle, wie du sprichst: das ist die Kunst, (p.)

indem man leider oft sagen muß:

Folget meinen Worten, aber nicht meinen Werken; (d.)

Lerne, Knabe, die Tugend von mir, (lat.)

und:

Mancher predigt schön, befolgt aber nicht seine eignen Worte. (hbr.)

Nun behaupten zwar die Magyaren:

Wie die Väter dudeln, so tanzen die Söhne, [1]

und die Deutschen:

Ein Wort ist genug für den, der's merken mag,

aber:

Trillert die Mutter, so jobeln die Töchter; (lett.)

Wo die Kuh, da ist das Kalb, (esth.) [2]

und:

Wohin der Vater gern geht, dahin eilt auch der Sohn, (cz.)

und dies gilt nicht blos von den Eltern, sondern auch von den Erziehern, so daß es in Rußland heißt:

---

1) Wie der Hans bläst, tanzt das Hänschen. (ma.)
2) Das Kalb folgt der Kuh. (d.)
   Wo die Nadel, da der Faden. (klr., r.)

Wie die Erzieher, so die Kinder.

In Deutschland legt man allen älteren Personen, in deren Nähe sich Kinder befinden, die Pflicht auf:

Die Alten müssen die Jungen lehren,

und empfiehlt ihnen deshalb namentlich Vorsicht im Reden an. Denn wenn man auch sagt:

Dem Reinen ist Alles rein, (d.)[1]

so weiß man doch:

Kleine Töpfe haben auch Ohren (Henkel); (d.)

Kleine Krüge haben große Ohren; (engl.)

Kleine Kessel haben Ohren, (d.)[2]

und:

Kleine Mäuse haben auch Ohren (Schwänze). (d.)

Schon die alten Römer hielten deshalb den Grund=satz fest:

Dem Knaben ist man die größte Rücksicht schuldig,

und noch jetzt rufen die englischsprechenden Neger Jedem, der in Gegenwart der Kinder diese Rücksicht vergessen sollte, die Worte zu:

Es sind Schindeln auf dem Hausdach!

Auch die Czechen geben in solchem Fall die Mahnung:

Die Zunge hinter den Zähnen! Es sind Barfüßige da!

weil man nicht blos fürchten muß:

Süße Geschichten brechen des Jünglings Kniee, (neg. engl.)

d. h. verführen ihn zum Schlechten, sondern auch daran denken muß:

---

1) Für den Reinen ist Alles rein. (bä.)
2) Die kleinen Kessel haben auch Ohren. (Mrk.)

Was Kinder zu Hause hören, fliegt bald draußen herum. (engl.)

Sehr richtig räth der Mailänder:

Wer wissen will, wie es steht, frage das kleinste Kind im Hause,

denn:

Das Kind sagt nichts, als was es beim Feuer gehört hat; (engl.)[1]

Das Gespräch der Kinder auf der Gasse rührt entweder vom Vater, oder von der Mutter her, (hbr.)

und:

Kinder sind immer aufrichtig. (b.)

Die Afrikaner meinen zwar:

Wem Unser Herr Kinder giebt, dessen Geheimnisse bewahrt Gott,

aber der Neger in den französischen Colonieen versichert nicht ohne Grund:

Die kleine Welt weiß zu laufen, aber nicht, sich zu verbergen,

und die Europäer behaupten:

Kinder und Narren sagen die Wahrheit. (b.)[2]

Ebenso soll man den Umgang der Kinder möglichst

---

1) Was das Kind am Herd gehört, sagt es an der Thür wieder. (sp.)
   Das kleine Kind sagt nur, was es am Feuer gehört. (sp.)
2) Kinder und Narren reden gern die Wahrheit. (b.)
   Kinder und Narren sprechen wahr. (engl.)
   Die Kinder und die Narren sagen wahr (frz., it.), (frz. a.: die Wahrheit).
   Die Narren und Kinder sagen am leichtesten die Wahrheit. (ma.)
   Am ehesten spricht Narr und Kind die Wahrheit. (cz.)
   Von Kindern und Narren erfährt man die Wahrheit. (bä.)
   Besoffene Leute und kleine Kinder reden die Wahrheit. (Z.)
   Der Betrunkene und das Kind sagen rasch die Wahrheit. (p.)
       Kinder, Narren, trunkner Mund,
       Reden aus des Herzens Grund. (b.)
   Betrunkene, Kinder und Narren reden die Wahrheit. (g.)
   Kinder, Narren und Betrunkene sprechen die Wahrheit. (s.)

zu überwachen suchen, um sie vor schlimmem Einfluß zu bewahren, da es heißt:

Böses Beispiel verdirbt gute Sitten, (d.)

und:

Schlimmes lernt man bald; (engl.)

Ein Füllen, zu den Schweinen gesperrt, wird Schmutz fressen; (ta.)

Wer sich mit Hunden niederlegt, steht mit Flöhen auf, (b., cz., sp.) [1])

und:

Wer sich unter die Kleie mischt, den fressen die Schweine. (s., fro., fr., ma.i; g. ä. cz., b., p., Z.) [2])

Darum prägt man jedem Kinde die Lehre ein:

Entziehe dich schlimmen Genossen; wandle nicht einen Weg mit ihnen, halte deinen Fuß zurück aus ihrer Mitte; du könntest in ihrer Schlinge gefangen werden, (hebr.)

und:

Wenn dich die bösen Buben locken, so folge ihnen nicht. (b.)

Aber aller Vorsicht ungeachtet, mißrathen oft auch Kinder solcher Eltern, welche außer dem Bereich des Spruches stehen:

Nachlässige Eltern ziehen keine guten Kinder, (b.)

und wie man sagt:

Böse Kinder machen den Vater fromm, (b.)

so heißt es nicht selten:

Böse Eltern machen fromme Kinder. (b.)

---

1) Wer mit Hunden liegt, steht gern mit Flöhen auf. (fr., fro.)
Wer mit Hunden zu Bette geht, stehet mit Flöhen wieder auf. (b.)
Wer mit Hunden schlafen geht, wird mit Flöhen aufstehen. (engl.)
Wer mit Hunden schläft, erwacht mit Flöhen. (it.)
Wer mit Hunden übernachtet, steht mit Flöhen auf. (ma.)
2) s. D. S. a. K. II, 146.

Eltern und Kinder.

Wo man Vater und Mutter spricht, da hört man die freund-
lichsten Namen, (b.)

und wie die Völker die Mutter preisen,[1]) so heißt es
auch vom Vater:

Kein solcher Freund, als der Vater. (r.)

und:

Ein Vater ernährt eher zehn Kinder, als zehn Kinder einen
Vater. (b.)

Darum sagt der Russe:

(Ist) alt der Vater, möchtest du ihn todt, (ist) aber todt der
Vater, möchtest du ihn (wieder) kaufen,

und empfiehlt den Kindern auf das Wärmste an:

So lange die Eltern leben, ehre sie; sind sie todt, gedenke ihrer.

Denn:

Du bist Sohn, wirst Vater sein, und wie du es machst, wirst
du es haben; (sp.)

Wie du deinen Eltern thust, wird Gott dir gleichfalls thun, (frz.)

und:

Wie du deine Eltern (ehrst), so werden dich deine Kinder
ehren. (p.)[2])

------

1) s. D. F. i. S., 185—191.
2) Wer die Eltern ehrt, den ehrt Gott wieder. (b.)
   Wer seinen Vater ehrt, dessen Tage sind viele. (ar.)

Mit Recht frägt der Finne:

> Wer des schwachen Vaters lachet,
> Wer da höhnt der alten Mutter,
> Welche Huld wird dem der eigne
> Sohn, die eigne Tochter zollen,
> Wann er selber schwach geworden,
> Wann ihm selbst genaht das Alter?

indem er die Warnung des Litauers:

> Treibe deinen Vater nicht in den Wald,

mit den Worten verschärft:

> Wenn du deinen eignen Vater
> Ziehest heut' bis an die Schwelle,
> Werden deine eignen Kinder
> Einst dich zieh'n bis auf die Straße. [1]

Schon:

> Eltern verachten ist ein Stück von einem gottlosen Menschen, (d.)

und der Mailänder behauptet:

> Wer sich seines Vaters schämt, ist noch was Schlimmeres, als
> ein Dieb,

während der Deutsche versichert:

> Das Kind, das seine Mutter verachtet, hat einen stinkenden
> Athem.

Besonders aber im Orient wird die kindliche Liebe so hoch gestellt, daß man sagt:

> Die kindliche Liebe ist mehr werth, als aller Weihrauch Persiens,
> den man der Sonne darbringt; sie duftet süßer, als alle
> Wohlgerüche, deren Duft die Westwinde in den Gefilden
> Arabiens verbreiten. Sei deshalb dankbar gegen deinen
> Vater, denn er hat dir das Leben gegeben, und gegen deine
> Mutter, denn sie hat dich in ihrem Schooße getragen,

und die Chinesen erklären:

---

1) Schleppst du den Vater bis zur Schwelle, werden dich deine
Kinder über die Schwelle stoßen. (fr.)

Unter den fünf Pflichten des bürgerlichen Lebens nimmt die Ehrfurcht, welche die Kinder ihren Eltern schulden, den ersten Rang ein. [1])

Denn:

Die Kindesliebe ist die erste der Tugenden, die Gerechtigkeit ist die Seele der Regierung;

Wer ein guter Sohn ist, ist auch ein guter Bruder, guter Gatte, guter Vater, guter Verwandter, guter Freund, guter Nachbar, guter Bürger,

und:

Alle Tugenden sind in Gefahr, wenn die Kindesliebe ange= griffen wird. (chin.)

Deshalb pflegen auch in den chinesischen Städten des Nachts, wenn aller zwei Stunden die Uhr mit Schlägen auf eine Trommel oder Glocke verkündet wird, eigens dazu bestimmte Leute den Refrain zu singen:

Gehorchet euern Eltern, achtet die Greise und eure Herrscher, lebet einig und begehet nichts Ungerechtes,

und eine ganze Reihe von Sprichwörtern bezieht sich auf das Verhältniß zwischen Eltern und Kindern:

Seinen Sohn loben, heißt sich rühmen; seinen Vater tadeln, heißt sich beschimpfen;

Wer mit Achtung den Stock seines Vaters aufhebt, wird seinen Hund nicht schlagen; wer bei seinen alten Erzählungen gähnt, wird seinen Tod nicht beweinen;

Einen Vater oder eine Mutter im Alter über eine alte Vor= liebe erröthen machen, heißt einen Dolch in einer blutenden Wunde umdrehen oder ihn noch tiefer stoßen;

---

1) Die Chinesen nehmen nämlich fünf Hauptpflichten an: die der Väter gegen ihre Kinder und der Kinder gegen ihre Väter; die des Mannes gegen seine Frau und der Frau gegen ihren Mann; die des Kaisers gegen seine Unterthanen und der Unter= thanen gegen den Kaiser; die der Brüder gegen einander und die der Freunde unter einander.

Nicht sind es die Drohungen, noch die Vorwürfe, noch die Aufwallungen seines Vaters, welche ein wohlgeborner Sohn fürchtet, sondern es ist sein Stillschweigen. Denn ein Vater schweigt nur, weil er nicht mehr liebt, oder sich nicht mehr geliebt glaubt,

und:

Die Geradheit ist die Nahrung der Kindesliebe: wer lügen kann, kann seine Eltern weder lieben, noch achten.

Trotz aller Ermahnungen aber bleibt es wahr:

Die Eltern haben die Kinder lieber, als die Kinder die Eltern, (b.)

denn:

Die Barmherzigkeit der Eltern erstreckt sich auf die Kinder; die der Kinder auf ihre Nachkommen, (hbr.)

und:

Liebe von kleinem Kinde ist Wasser im Körbchen, (sp.)

und nicht selten muß man von einem Sohne sagen:

Er hat sie so lieb, wie ein Pferd seine Mutter, (h.)

oder muß gar mißbilligend äußern:

Ein Hund würde das seiner Mutter nicht geben. (h.)

Nur der Finne spricht dankbar:

Steif sind meiner Mutter Arme,
Halbgebrochen ist ihr Auge,
Und nicht Milch mehr trinkt die Lippe
Aus der Mutter welken Brüsten,
Doch mein Geist trinkt alle Tage
Jene Milch in heißen Zügen
Dankend ein, die sie mir reichte
In der Jugend schönen Zeiten,
Da ich ihr im Arm gelegen,
Angelacht von ihren Augen
Und bewacht von ihrer Liebe,[1]

---

1) Töchterchen, kannst du auch heute
Schon bezahlen deiner Mutter
Jene Milch, die sie dir reichet
Aus dem Topfe, dir, der Jungfrau:

und der Deutsche findet sich mit der Versicherung ab:

> Gott, Eltern und Lehrern kann man nie vergelten,

erklärt jedoch:

> Wer den Eltern nicht folgt, hat einen dummen Muth,[1]

und frägt:

> Wer soll den Vater loben, als ein ungerathner Sohn?[2]

Der Neugrieche pflegt als Richtschnur für Eltern und Kinder anzugeben:

> Basil, ehre deinen Vater, und du, Vater des Basil, beobachte dich,

während die Deutschen wiederum den Eltern vorschreiben:

> Eltern sollen den Zaum so lange sie leben nicht aus den Händen geben,

indem sie im Hinblick auf die Undankbarkeit der Kinder hinzufügen:

> Wer seinen Kindern giebt das Brod,
> Daß er muß selber leiden Noth,
> Den schlage man mit Keulen todt.

Die Spanier meinen zwar:

> Wer Kinder hat, hat Grund zu sparen,

stellen sich aber selbst vor:

> (Man braucht) nicht zu gewinnen für die guten (Kinder), noch zu hinterlassen für die schlechten,[3]

Nicht bezahlen kannst du jemals
Jene Milch, die dir, dem Kinde,
Sie gereicht aus ihrer linken
Brust, gereicht aus ihrer rechten. (fin.)

1) Wer nicht auf die Rathschläge seiner Eltern hört, ist nicht werth, welche zu haben. (tü.)

2) Wer wird seinen Vater mehr loben, als das unglückliche Kind? (agr.)

3) Habt ihr schlimme Kinder, wozu nutzt da Geld, und sind sie gut, wozu ist es da nutz? (tü.)

da die Ersteren sich ihr Brod selbst verdienen können,
und die Letzteren Alles verschwenden, und rathen daher:

> Dem Mädchen Güte, dem Jungen ein Handwerk — du kannst
> ihnen nichts Besseres geben,

oder:

> Deinem Sohne einen guten Namen und ein Gewerbe,

weil es heißt:

> Tugenden und ein Gewerbe,
> Sind der Kinder bestes Erbe, (Hrz.)[1])

und der Orientale warnt:

> Eltern, macht eure Kinder in ihrer Jugend nicht zu viel weinen,
> erschöpft nicht die Quelle ihrer Thränen, wenn ihr wollt,
> daß sie welche auf euerm Grabe vergießen sollen.

----

1) Der Gewerbfleiß der Väter soll das Erbe der Kinder sein. (tü.)

Lernzeit.

Sagt auch der Deutsche:

Keiner ist zu alt zum Lernen;[1])

Man lernt, so lange man lebt,[2])

und:

Wer ausgelernt sein will, muß im Grabe liegen,

so giebt er doch den Rath:

> Lerne bei Zeiten,
> So kannst du's bei den Leuten,

indem er hinzufügt:

Was Hänschen nicht lernte, lernt Hans nimmermehr.[3])

---

1) Zum Lernen ist Niemand zu alt. (d.)
  Niemals zu alt zum Lernen. (engl.)
  Kein Alter ist spät zum Lernen. (lat.)
2) Man lernt so lange, wie man lebt. (it.)
  Ein guter Prediger lernt, so lange er lebt. (ma.)
> Man wird so alt wie eine Kuh,
> Und lernt doch immer zu, (b.)

oder:
> Mer werd so alt wie ne Kuh,
> Lernt immer mehr dazu. (anh.)
3) Was Jürgel nicht begreift, lernt Jürge nicht. (oschl.)
  Hast du sie (d. h. die Wissenschaft) in deiner Jugend nicht gewollt, wie wirst du sie in deinem Alter erreichen können? (hbr.)
  Wer mit 80 Jahren ein Instrument spielen lernt, wird sich am Tage des Gerichts hören lassen. (tü.)

Denn, frägt der Esthe verwundert:

Wer macht aus einem alten Pferde einen Paßgänger?

ober:

Wer richtet einen alten Hund zum Vorsteherhund ab?

da man doch weiß:

Ein alter Hund lernt keine Kunststücke; (engl.) [1]

Es hält schwer, einem alten Bären das Tanzen zu lehren, (plattd.)

und:

Ein altes Pferd lernt nicht springen. (f.)

Aber:

Was man in der Wiege lernt,
Bis zum Grab man nicht verlernt; (frz.)

Was man als Kind lernt, vergißt sich nicht, (l.) [2]

und:

Wer in der Jugend lernt, bei dem geht das Gelernte in's Blut über. (hbr.) [3]

Darum verheißt der Araber jedem Vater:

Wer seinen Sohn ausbildet, so lange derselbe klein ist, wird Freude an ihm haben, wenn er groß ist; [4]

der Holländer predigt:

Die Jungen soll man lehren,
Die Alten soll man ehren,

---

1) Schwer ist's, einen alten Hund lehren. (cz.)
Alten Hunden ist schwer bellen lehren. (b.)
Lernte je ein alter Papagei? (hb.)

2) Am längsten behält man, was man in der Jugend gelernt hat. (b.)
Was man als Kind lernt, vergißt man nicht mehr. (b.)

3) Das Suchen der Weisheit im Alter ist wie Zeichnen auf Sand; das Suchen der Weisheit in der Jugend wie Ein= graben in Stein. (hbr.)
Das Gedächtniß des Knaben ist der Schrift in Stein ähnlich (ar.)

4) Wenn du deinen Sohn unterrichtest, wird er dir Freude machen und dein Herz mit Fröhlichkeit erfüllen. (ar.)

7 *

Die Weisen soll man fragen,
Die Narren ertragen; [1])

der Schwede redet salbungsvoll dem Kinde zu:

Wende die Zeit wohl an in deiner Kindheit, darauf beruht
deine künftige Wohlfahrt,

und der Deutsche stellt ihm schmeichlerisch vor:

Liebes Kind, lernst du wohl,
Wirst du gebratner Hühner voll;
Lernst du aber übel,
So geh' mit den Säuen über den Kübel.

Aber so oft er auch spricht:

Lerne was, so kannst du was,

oder:

Lerne, so kannst du vergessen,

so eindringlich er dem Kinde droht:

Wer nicht lesen kann, muß Butten tragen.

und:

Willst du nicht mit der Feder schreiben lernen, so schreib' mit
der Mistgabel,

so behält das Kind meistens dennoch seine gelinden
Zweifel an der Wahrheit des Sprichworts:

Das Lernen hat kein Narr erfunden.

---

1) Alte soll man ehren,
Junge soll man lehren,
Weise soll man fragen,
Narren vertragen. (b.)

    Alte sollte man ehren,
    Jungen soll man wehren,
    Weise soll man fragen,
    Die Narren ertragen. (Eif.)

      Der Jugend Lehre,
      Der Alten Ehre. (b.)

Der Franzose bezeichnet deshalb einen Umweg mit der Redensart:

Den Weg der Schüler machen,

und der Perser hat nicht Unrecht, wenn er behauptet:

Das Kind geht nicht in die Schule, sondern wird hingetragen.

Es will nämlich durchaus nicht begreifen, warum es heißt:

Schreiben, Rechnen, Singen,
Soll ein Kind aus der Schule bringen, (d.)

und findet:

Man lernt eher eine Sprache in der Küche, als in der Schule. (d.)

Getröstet durch die Worte der alten Römer:

Nicht Alle können wir Alles,[1])

denkt der Junge nicht daran, daß es heißt:

Es ist keine Schande, nichts zu wissen, sondern (Schande ist's),
nichts lernen zu wollen; (vl.)[2])

entgegen dem Spruche:

In schönen Büchern blättert man gern, (d.)

liebt er die Bücher nur in solcher Entfernung, daß man sagen kann:

Er hat ein Buch durch ein Nachbarloch gesehen, (d.)

und trotz der Versicherungen des Arabers:

Bildung ist die beste Erbschaft;

Bildung des Geistes ziert den Reichthum des Reichen und
verbirgt die Armuth des Armen,

und:

---

1) Nicht Alle können gleich weise (gleich fromm) sein. (vl.)
2) Das ist eine Narrheit, sich zu schämen, was zu lernen. (frz.)

Bildung ist das Hilfsmittel zum Erwerbe dessen, was uns nöthig ist,

würde sich doch mancher Knabe mit dem Nachruf begnügen:

Er hat dem Schulmeister einmal guten Morgen geboten, (b.)

oder:

Er hat ein Stück vom Schulsack gefressen, (b.)

wenn der Schulmeister sich nicht gedrungen fühlte, der Vorschrift:

Man soll nicht aus der Schule schwatzen, (b., h.)

zuwiderzuhandeln, und den Eltern anzuzeigen:

Er läuft hinter die Schule, (b.)

oder:

Er hat das Faulfieber. (b.)

Gehören nun die Eltern in die Kategorie derjenigen, von denen man spricht:

Der Vater sieht nicht wohl, die Mutter drückt ein Auge zu,

und:

Die Jungen tanzen dem Vater auf der Nase herum, (b.)

oder hat der Vater seinen Sohn dem Schulmeister mit der Weisung übergeben:

Meister, lehr' mein Kind wohl, aber schlag' es nicht, (h.)

so kann man dem Kinde nur zurufen:

Laß dir dein Schulgeld wiedergeben, (b.)[1]

denn:

Lässiger Schüler bleibt ein Schüler; (b.)

---

1) Ihr bezahlt mehr für das Schulgehen, als euer Lernen werth ist. (engl.)

Ein fahrender Schüler
Bleibt ein Spüler, (b.)

und:

Guter Schüler ist nicht, wer gern läuft und springt. (frz.)

Heißt es aber:

Wenn's der Vater sieht, thut's der Sohn nicht. (b.)

so erklärt der Vater:

Das gehört in die Schule!

fordert den Lehrer zur Strenge auf, indem er die An=
sicht der Slaven theilt:

Schule ohne Zucht, Mühle ohne Wasser, (cz.)

und:

Der Schüler fürchtet das Stöckchen mehr, als die Drohungen, (r.)

und dann hört man wohl erzählen:

Strafe muß sein, sagte der Magister, da fraß er dem Jungen
die Butter ab. (Mrf.)

Der Junge sieht betrübt der Butter nach, ist innerlich
wüthend, und:

Wenn der Junge den Schulmeister lehrte, würde der viel
Schläge bekommen, (lett.)

indessen, da das nicht geht, so folgt er dem Befehle des
Lehrers:

Steck' die Nase in die Bücher, (b.)

und ist er nicht

ein Gotteskind, (vl.)

oder hat er nicht ein solches

Bret vor dem Kopf, (b.)

daß man alle Mühe des Lehrers mit der Redensart
bezeichnen muß:

Brod in einen kalten Ofen schieben, (agr., lat.)

so kann an ihm noch der Spruch wahr werden:

Fleißiger Schüler macht fleißigen Lehrer, (b.)

und:

Mancher Schüler übertrifft den Meister. (b.) [1]

Nur darf das Lernen nicht übertrieben, und das Kind nicht überanstrengt werden:

Man legt ein Dornenbündel um einen Baum, um ihn zu schützen, aber wenn man es zu sehr anpreßt, schabet man der Rinde; (chin.)

Stets Arbeit und kein Spiel macht den Hans zu einem dummen Knaben, (engl.)

und:

Viel Essen macht nicht feist,
Viel Studiren nicht fromm und weis. (b.)

Dagegen wird nicht minder vor einem zu frühen Abbrechen der Schul= oder Lehrzeit gewarnt, indem man sagt:

Wer zu früh dem Lehrmeister entgangen, der ist auf den Karren zu kurz und auf den Wagen zu lang, (b.) [2]

obgleich man zugiebt:

Lehrjahre sind keine Meisterjahre; (b.)

Keine Lehre ohne Plage, (flr.)

und:

Ein junger Knab' muß leiden viel,
Wenn er zu Ehren kommen will. (b.)

Indessen:

---

1) Der intelligente Lehrling übertrifft oft seinen Meister. (tü.)
2) Wer zu früh aus der Lehre gegangen, ist auf dem Wagen zu kurz und auf der Karre zu lang. (Hrz.)

Guter Lehrling, guter Meister, (d.)

und:

> Ein Jahr macht Alte älter,
> Noch eins aus Kindern Leute, (fin.)

denn:

Wenn die Kinderschuhe zerbrochen sind, legt man Stiefel an; (d.)

Geht der Knabe weg vom Vaterhaus, ist das Geh'n zum Mut=
terhaus unmöglich, (E.) [1])

und: ·

> Aus Knaben werden Leute,
> Aus Mädchen werden Bräute. (d.)[2])

1) Die Weiber des Afrikaners wohnen, jedes einzeln, in Hütten
neben seinem Hause, alle von einem Zaun umgeben und
a wè genannt. Klein essen und schlafen die Knaben gleich
den Mädchen mit der Mutter. Größer, kommen sie zum
Vater, und verlassen sie den, so ist's, um in die Fremde zu
gehen oder einen eignen Herd zu gründen.
2) Aus Kindern werden auch Leute. (d.)
Kinder werden Männer. (frz., vl.)
Aus Kärplein werden Karpfen. (lett.)

Druck von A. Th. Engelhardt in Leipzig.

Inhalt.

—